前橋学ブックレット❻

| 二宮赤城神社に伝わる式三番叟(しきさんばそう) |

上毛新聞社

目　次

1　二之宮の式三番叟　　　　　　　　　　　　4
2　式三番の由来と派生　　　　　　　　　　　16
3　式三番の文言　　　　　　　　　　　　　　21
4　式三番の三場面と舞の意味　　　　　　　　26
5　群馬県内各地の式三番叟　　　　　　　　　35
6　風姿花伝　　　　　　　　　　　　　　　　37
7　「申」　　　　　　　　　　　　　　　　　43
8　秦氏　　　　　　　　　　　　　　　　　　43
9　徐福　　　　　　　　　　　　　　　　　　51
10　群馬県内の渡来人　　　　　　　　　　　53

〈資料編〉
1　二之宮の式三番叟　　　　　　　　　　　　57
2　二宮赤城神社の納曽利面　　　　　　　　　64
3　二宮赤城神社　　　　　　　　　　　　　　65
4　人形による式三番　　　　　　　　　　　　68
5　式三番・能・神楽・獅子舞　　　　　　　　71
あとがき　　　　　　　　　　　　　　　　　80

創刊の辞　　　　　　　　　　　　　　　　　82

1 二之宮の式三番叟

　毎年4月15日は、二宮赤城神社の例大祭である。境内の桜が満開を迎え、風に花びらがひらひらと散る景色は、まさに「春爛漫」と呼ぶにふさわしい景色である。

　この日には、二之宮町に古くから伝えられている「二之宮の式三番叟」が奉納される。

　夜のとばりが降りたころ、舞台からは始まりを知らせる「伎(き)」が鳴り響き、幕が開くと式三番が始められる。(引用と指定名称以外では「式三番」の表記とする)

　この、二之宮の式三番叟について、まず『群馬県史 資料編26 民俗2』(1982)より群馬県内の郷土芸能の特色について概要を記す。(便宜的に引用文中の語句に一部ルビ及び補足を付す。以下引用についても同じ。)

　「現在伝統的な芸能史は、広義の芸能を含めて京都・大阪を中心とする西日本の方が古い。十二世紀の初頭から鎌倉幕府が東国に置かれたとはいえ、室町時代には再び京都に政権は移った。それから天正十八年に徳川家康が江戸に入ったあと、関東が政治の中心となるまでは政治、経済の支配とともに文化もまた上方(かみがた)文化の方がはるかに高いものがあった。歌舞伎(かぶき)、能、茶道、人形芝居や文学なども上方において発達し、やがて関東に移ったのである。したがって、歌舞伎や人形浄瑠璃(にんぎょうじょうるり)、能の分野では関西から遅れて発達してきたものである。関西から移って最初に定着したのは江戸であっ

たから、これらの芸能は江戸文化として江戸が東国への伝播の拠点となった。したがって江戸文化と群馬の芸能は密接な関連を持っているのである。もちろんすべての芝居や人形浄瑠璃が上方ー江戸ー上州というコースをとったということではない。近世に入っても、なお上方の影響によって始まったものも少なくないが、大きな流れはやはり関西と関東の比較によって解明される部分が多い。

関東あるいは東国の中における群馬県の芸能の土壌は、産業構造における蚕糸織物業の商品化農業が一背景として見落とすことができない点の一つである。また、中山道、三国街道、信州諸街道などの交通史とも関連して考えなくてはならない点も注目される。ことに、裏日本の越後と江戸を結ぶ三国街道の果した群馬県の芸能史への影響は、今後の比較を含めて大きな課題となるであろう。一方口承文芸の面における民謡などにおいては、長野県、埼玉県、栃木県、茨城県などの隣接県と新潟県を加えて芸能の面で今後比較されなければならない面が、一般民俗と同様重要な作業である。

二宮赤城神社

八木節の発生と新潟県十日町市の新保広大寺くどきとの関連や、碓氷馬子唄と小諸の馬追唄、埼玉県の万作踊と群馬県東部の利根川沿岸地帯の万作踊、同じく神楽におけるヒョットコ（火吹男）踊と茨城県地方の火吹男踊などが挙げられる。ほとんどの場合芸能は発生の絶対年代と系統が不明であるのを常とするが、地域による分布といった面での比較が発生につながる場合が多く、その分布が同時に芸能文化の発生をつきとめる手がかりとなるのではなかろうか。赤城山麓一帯の田植唄については、研究家の努力でその分布が明らかになりつつあり、群馬に定着した跡がたどれるかも知れないという希望もその一例である。

　獅子舞が関東地方には一人立ちが多く二人立ちが少ない理由や、神楽なども江戸神楽とよばれる里神楽が多いなかで、甘楽郡南牧村檜沢字萱の神楽のような異なる系統も見られる。また糸繰りの安中市中宿の燈籠人形のように、その源流をどこに求めるかということも、芸能のみでなく群馬県の文化史の一つとして重要な課題である。少なくとも関東を含めて、東日本にはその痕跡すらとどめていないからである。（中略）

　郷土芸能の現在行われているものを見るとき、本県の芸能は数が少なく、しかも発達過程における原初の姿を伝えているものが少ない。古い姿を伝えるものは東北、日本海側、九州、四国とか、中部地方の山間部によく残されており、東京を中心とした関東平野諸県は古い芸能が少なくまたかなり省略されたり変ぼうしたりしてしまったものが多い。中世芸能などもおそらく関東平野にも伝播していたはずであるが、江戸幕府開設以後の

近世の間において、古いものが捨てられ新しいものへの転換が進んだためかも知れない。これに反し、社会そのものの急激な変化への対応の遅い辺境に古い姿のものがよく保持されてきたと考えられる。ことに江戸の文化圏に組込まれてしまった群馬県は、新しいものへの対応が早かったのである。群馬県に中世芸能が少なく、江戸文化の影響で歌舞伎の自立演劇としての地芝居や、人形浄瑠璃の盛行などが顕著に見られるのも特徴的である。一般民俗における祭礼行事、年中行事、人の一生などにおける場合と同じであるが、一つには伝統保持よりも新しいものへ敏感に反応する県民性の傾向も一因と考えられるが、巨視的に見た場合はやはり近世という時代が、群馬県の芸能の位置を規制した要因であると思われる。

　群馬県の郷土芸能で現存しているものを見ると、近世以降のものがほとんどと見られている。その一つに能の翁が独立した式三番があげられる。しかし、九州地方のように、能以前の翁をさぐるような古いものはなく、いわゆる式三番とよばれるようになった以降のものである。邑楽郡板倉町に式三番の衣装の一部が遺っているが、箱書から見ても江戸時代初期であって、慶長・元和以前の実施とは結びつかない。しかし、日本芸能史の上で注目される翁と千載（歳）と三番の三人によって演じられる能の翁は、農耕民族の神事芸能としてその発生の古いことはすでに指摘されているところである。五穀豊穣、天下泰平を祈念する神事に、翁が重要な意味をもっていることから、謡曲の翁として能の中に組込まれ、それが中世にすでに群馬県地方に定着し、各地で行われていたと推定されている。近世になっ

て急に県下に普及したとは考えられない。たとえば多野郡上野村乙父の貫前神社の内陣を調査したところ、式三番に用いた翁の白と黒の面（おもて）が鈴とともに面箱に収められているのが発見され、中世末か江戸初期のものであって古い時代にこの地で神聖視されて式三番が行われていたことを証している。現存者の記憶にないところを見ると、古くに上演されなくなり、神体視してここに深く秘蔵してしまったことがわかる。このほか、翁の面だけを神聖視して伝世している例が各地において確認されて、本県の芸能の中ではもっとも中世的なものである。しかも現在、前橋市二之宮（現在実演されている）、富岡市中高瀬（現在中断中）ではかなり略されているとはいえ、古式に則って今もなお実演されていることは、非常に貴重な芸能であることを物語っている。（後略）」とあり、県内では中世芸能がほとんど見られない中で、二之宮の式三番叟が貴重なものであることが書かれている。

　はじめに元保存会長の永井章睦氏の解説を紹介したい。

　「式三番叟の起源はさだかではないが、日本的芸能の儀式的舞踊として悪鬼を鎮め、天下泰平を祈願する祈祷的な芸能の一種で、平安時代から鎌倉時代にかけて成立し、正月や寺社の祭礼の場や舞台の「こけら落し」つまり落成式等又舞台での最初の狂言として演じられる特殊な曲目である。

　二之宮町に伝承される式三番叟の起源はさだかではないが、神社の宝物として納曽利の面（県指定重要文化財）が有り、この面は舞楽の面で、縦

24糎、横巾19糎の木彫で表面、黒漆をしてあり、内側に1453（享徳2季癸酉）年と銘あり、舞楽が上演されたと思われる。

又、境内に梵鐘有り1623（元和9）年とあるが、当時の前橋城主酒井雅楽守奉納とある。1615（元和元）年大阪夏の陣先勝祈願をし勝利したので奉納したと思われる絵馬四面もあるが、神社が栄えていたと思われる。又、境内の舞台が1807（文化4）年頃建立されたと古文書等にみられることから、盛んに上演されたと思われる。尚其れ以前から上演されたと思われる。

1893（明治26）年に内田喜平氏によって『伝授書』が書き残され現在伝承されている。

二之宮式三番叟は能楽の観世流を汲んでいるといわれます。

此の様に現在継承されているものは無形文化財保存会にて継承されてい

二之宮の式三番叟（平成26年4月15日撮影）

ます。

　前橋市の無形文化財に指定され、又1997（平成9）年11月7日に文部大臣より二之宮町無形文化財保存会が表彰を受けたのでありました。

　式三番叟の式は式楽を意味し、目出度いもので、翁、千歳、三番で構成され、それに陰謡が入る。三番は翁、千歳についで三番目に出演し、叟の舞を意味するもので、三番叟と云うのであり、舞の始まりは楽屋より「伎」が入り幕開き、先ず囃子は笛、鼓、陰謡の構成であるが、笛音で始まり、千歳が舞台正面に向かって左そでより面箱を捧げ持ち現れ、右側定位置につき、次に翁と三番が出て定位置に。面箱は座配によって開かれ翁に面附け。（翁面）翁「とうどうたらり　たらりらあ」と唱えるのは祈祷のための呪術的な言葉である。翁「鶴と亀とのよわいまで」と唱える。

　此の様な言葉からわかる様に延命長寿、招福万来を祈念し、永遠の天下泰平と国家安穏を願うためのことであり、千歳は四方固めの舞で座を祓い清め「鳴るは滝の水ゝ日は照るとおんもう」とは稲作に欠くことの出来ない豊富な水と秋は黄金色の稔りを太陽に対する祈願で五穀豊穣を意味するものであります。

　千歳舞終わりて定位置に戻り、次に翁は幾久しく長寿をして生涯平穏無事を叶う事を祈念する舞である。

　次に三番が大鼓の音にて「エイ　エイ　エーイ」の声と共に舞台中央に出、舞に入る。誠に目出度い舞で「揉みの段」から「四方固め」の舞で、次に黒い面（黒色尉）をつけ、舞台中央に出て、千歳を呼び、押し問答の末、

鈴をいただき、鈴の舞に入り、元気よくダイナミックに舞を演じ、全体をとおして目出度叟の舞を演じ、千秋万歳所繁盛と舞い納め終了となる。
　伎が入って幕となり終わり。口碑古文書文献」

　二之宮の式三番叟については、『群馬の郷土芸能』(上)（みやま文庫1992）と『群馬県史 資料編 26 民俗 2』(1982)、『前橋の歴史と文化財』(1980)から概要を紹介する。

『群馬の郷土芸能』(上) より
「出演者はその日まで精進潔斎する。(中略)氏子によって役割が分担され、毎年 4 月 15 日に赤城神社境内にある地芝居用の常設舞台を利用して上演される。能の古式をよく伝えている立派なものである。由緒を伝える資料は

三番叟と千歳の掛け合い

ほとんどなく、何時頃創始されたかも不明である。同社には奈良・平安時代の舞楽に用いた納蘇利面が保存され、県の指定重文になっているが、ある時代に舞楽が行われていたのではあるまいか。全国各地に舞楽が遺っているが、群馬県にはない。赤城神社の式三番はこれと関係しているのかは今は明らかでない。ただ舞い方を図示した「式三番伝授之巻」という明治期の巻物一巻が伝えられているが精細なもので芸能資料としても評価される。(中略)

　隈取りは略されたかたちではあるが自分でやる。昔は地芝居の役者にやってもらった。結婚式や家の建て前のときにも招待されてやったという。昭和3年に一たん中止され、昭和33年に保存会を結成して再興し今日に至っている」

『群馬県史 資料編26 民俗2』より
「由来徴証

　(前略)創始の年時は不詳であるが、毎年4月15日の例祭に、旧歌舞伎舞台を使って演じられる。1762(宝暦12)年8月の年記のある『当社御祭礼無尽帳』によると、神官の六谷田讃岐守の名があり、神官が中心で、二之宮の上と下で毎年交代で8月15日に狂言(三番叟)をやってきたが、その費用を頼母子講を立て、継続してゆくことにし、176名で17両の利子で継続することになったことを伝えている。(中略)

　おそらく、中世に創始されたものではないかと推測される。しかし、そ

の後盛衰があり、明治に入ると休んでしまいついには絶えてしまいそうになった。そこで、先輩が青年に伝授して継続した記録がある。この伝授のときに作製した三番の舞い方などを図示した『式三番伝授之巻』一巻と、万延元年の三番叟の舞い方を図示したもの、明治4年の翁、千歳（載）、三番の位置図、三番舞い方図の一冊綴、文久2年8月吉日の『式三番』と表書した謡の台本、明治5年の謡本などがあり、翁式三番の推移を知る上に参考となる。ところが、昭和3年に中絶したままであったが、戦後の昭和33年に、一切を心得た岡実太郎という人がいたので、この人の指導で再興した。当時は道具も散逸してしまい、何一つなかった。勿論翁の面までなくなっていたが、これらを揃えて見事に再興し、現在に至った。

　現状
　一座は、翁、千歳（載）、三番の主役とともに、囃子方の小鼓（三人）、中鼓、大鼓、笛方を揃えている。このほか拍子のちょき（現在はない）、翁面をつける役、陰謡いなども村人でできる。顔面の隈取りは昔は芝居の役者に頼ったが現在は自足できる。舞台の二重の位置に、長唄のときの上段の席が設けられ、これに囃子方が位置する。陰は向かって右奥の隅に座る。向かって左から入って「翁の舞」の「出端（でば）」から始まる。翁が素面で出、千歳がその右に出る。千歳が面箱を翁の前に置き、翁の「とうたらり」とうたうと、陰謡いが「ちりゃたらり」と続く。そのあと二人の掛け合い「たらり」がある。つぎに「千歳の舞」となり、また白面をつけた「翁の舞」、

そのあとに「三番の舞」となる。「揉み出し」「鈴の舞」から黒い面をつける。千歳と三番の掛け合いのあと勇壮な鈴の舞、四方固めがあり、最後に三番の鈴の舞で終わる。中世芸能として、古くから五穀豊穣、天下泰平、国家安穏を祈ってきた古い時代の郷愁をよび起こす芸能である」

『前橋の歴史と文化財』より
「夏の祭りが活発な動きで、主に精霊を迎え共に楽しみ、また悪魔・疫病を追放しようとしたのに対して、春秋の祭りは主に豊作を祈願し、収穫を祝うものとして実施されてきた。二宮赤城神社で例年行われてきている式三番叟は毎年4月15日の春祭りに境内の舞台で奉納されている。
　この式三番叟は、舞台正面の前方に「三方」にのせた御神酒を置き、正面後方の一段高い位置に囃子方、向って右手奥に陰唄（かげ）・座配、左手

式三番叟伝授書（前橋市文化財保護課提供）

に大鼓を配置する。お囃子の笛を合図にはじまり、千歳が面箱をもって現われ、定位置につく。（中略）面箱は座配によって開かれ、翁と三番の面が出され、翁に進められる。「とうとうたらり、たらりら」と翁が唱え、陰唄がこれにつづき、舞がはじまる。舞はこの翁の舞に次いで三番の舞となり、時にダイナミックに、また威厳をもち、非常に象徴的に演じられる。

　三番叟は「神舞」といわれることもあり、国土安穏・天下泰平・五穀豊穣を祈念する儀式的な祝の言曲として、その起源は猿楽に求められ、中世の能楽にはすでに存在したとされている。

　この二之宮の式三番叟にも「千秋万歳のよろこびの舞なれば、ひとさし舞をう、万歳楽」等の陰唄との掛合いがあり、伝承のなかに神事的な様相がある。

　この式三番叟が演じられる舞台は、文化9（1812）年の建築と推定されており、少なくともそれ以前から式三番は存在したとみられる。その後、幾多の廃絶の危機を脱し、今日に伝承されている。現在に継承されているものは明治26年に書き残された「伝授書」が大いに役立っているが、それ以上に伝承者の

式三番叟　三番叟の舞

努力は大変なものであったろう。中世的な芸能の残存が少ないなかで、人によって演じられる式三番叟は県内唯一であり、貴重な民俗文化財である」

二宮赤城神社舞台

2 式三番の由来と派生

式三番の由来と派生について、『三番叟』(朝日新聞出版サービス 2000) よりみていく。

「仏教に限らず難しい教義や説法を、民衆に分かりやすく説くには、芸能化して見せるという行為が、最も受け入れ易い方法で、式三番も当初は、そういう面を持っていたと思われる。

仏教奥義を説くため、平安時代末、維摩会の学僧が、咒師芸の中から三番を選んで、これと『法華五部九巻書』にあるように仏教的意義と結びつけて、父尉・翁・三番による三番の連関歌舞に仕立て上げた。その他、古代からの翁の思想や、田楽の田主の存在、あるいは、神楽の影響など様々な要素が、複雑にからみあい、出来上がったのが式三番である。

　はじめは、咒師によって演じられていたが、三番目の役を猿楽者が演じるようになり、更に、鎌倉時代後期に、咒師の勢力が衰えてくると、咒師の演じていた部分を猿楽者が、三番目の猿楽者が演じていた部分（三番叟）を狂言方が受け持つことになった。こうして、次第に本来の目的から離れて、芸能化が進んで行き、多くの猿楽座で翁猿楽（式三番）が上演されるようになった。

　登場人物も、時代とともに変化している。当初の父叟（尉）・翁・三番から、それに児・冠者・露払いの参加や省略があったり、父叟の省略、千歳の参加

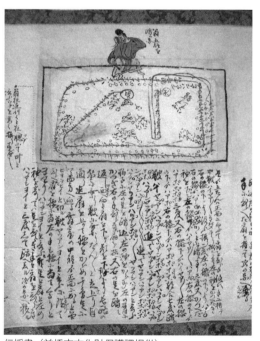

伝授書（前橋市文化財保護課提供）

などの過程を経て、現在の、千歳・(面箱持)・翁・三番叟の形になったのは、室町時代中期頃と考えられている。このように式三番の形式が確立したのは、観阿弥、世阿弥の活躍によって、能楽が大成し、大和四座の地位も確立した時期だったが、大和四座以外の猿楽座でも、各々の形式で式三番の上演が行われていた。

　これらの式三番が、次第に人形座や歌舞伎でも、千客万来、興業の無事を願う祝言曲として取り入れられて行った。

　室町時代には、人形によって能の演目が、相当本格的に演じられていたが、式三番もその中に含まれていることが、江戸時代初期の『資勝卿記』などの記述で知られる。

　当初は、能に準じた囃子で演じられていたが、やがて、古浄瑠璃の太夫たちによって演じられるようになった。古浄瑠璃各派の太夫たちは、土佐少掾正勝や江戸半太夫をはじめとして、各々、自分の祝儀曲としての式三番を持っていた。式三番は、人形座に於いて、番組の冒頭に定式的に上演される他、間狂言として娯楽的なものも上演され、義太夫時代以降は、色々な形で上演されるようになった。

　歌舞伎でも、「乱曲三番叟」をはじめとして様々な式三番があった。江戸時代初期には、人形座と同じように、毎日の狂言の初めには、定式的に上演されていたが、やがて、正月や霜月の顔見世興業での年中行事に変わって行った。これとは別に、娯楽本位の舞踊曲も数多く登場するようになる。

　また、歌舞伎や舞踊用でない、純然たる演奏曲としての曲も作られた。

先行曲を模倣したり、変化させて発展させて行くことに加えて、各々の流派の違いや、その時代の文化、人々の要望を反映させることによって、多種多様な三番叟物が出来上がって行った。

　翁猿楽が地方に伝播したのは、鎌倉末から江戸時代にかけてで、民俗芸能としてのこされているものの中には、能楽大成以前の古い形態を伝えているもの、翁猿楽の形成に影響があったとされる咒師や、田楽の系統を引くものなどが見られる。

　同じく民俗芸能として、人形による式三番も各地で上演されている。人形芝居とともに式三番が伝わり、人形芝居が衰えた後は、その土地の祭礼の神舞としてのこされたものや、式舞として三番叟だけを伝えるものなどがある。（中略）芸能化という行為は、仏教の深義を伝えるための一つの手段であったはずだが、いつの間にか、芸能の方が主となり、あらゆる面に浸透して、式三番、三番叟物という分野を確立するに至った。そして、現在もなお、人気のある演目として、上演回数を重ねているのは、なぜだろう。

　根本には、天下泰平、五穀豊穣への願い、あこがれといった精神性があると思われるが、翁の荘厳さ、三番叟の躍動的な舞、耳に心地よいリズムなどが観客（聴衆）だけでなく、演者にとっても、魅力ある演目にしているのではないだろうか。これらに加えて、邦楽・舞踊での祝儀曲が、需要にくらべて少ないことも、上演回数の多さにつながっていよう。

　式三番には、ある種の宗教的厳粛性、神聖さとともに、芸能としての娯楽性、演者から受ける感動などが存在している、それが、今日、我々が見

聞きしている式三番、三番叟の姿だとう思う」

　式三番についての由来と派生については、以上の内容が的確であると思われる。
　式三番については、世阿弥の時代の室町時代成立とされてきているが、上記の記述によればさらに古い平安時代末期には成立されていたとみられる。
　この式三番は、伝承を重ね、やがて農村地域にも伝承されてゆく。

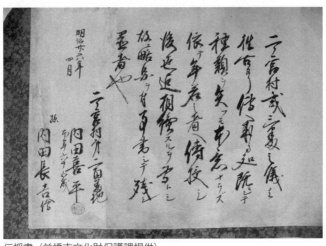

伝授書（前橋市文化財保護課提供）

3 式三番の文言

　式三番の文言については、末尾の資料に二之宮の式三番叟の文言を掲載したが、その文言は聞いてもすぐには理解が難しく、文字で読んでも難しい文言が多い。この文言については諸説あるが、二之宮の式三番叟の文言について、『三番叟』他よりその解説を組み合わせて以下に紹介する。

　なお、文言については伝播の過程で異なったものが多くあり、ここでは『伝授書』に記載された二之宮の式三番叟の文言について述べる。

「詞章は、和歌や催馬楽、今様などからとった歌曲を組み合わせたもので、『伊勢物語』『拾遺集』『梁塵秘抄』や舞楽曲が出典となっている。また、それ以後のものが混入している。

　それぞれの場面での文言で、舞の意味が分かる。

「とふどう　たらり　たらりらァ　たらりあがり ららりとふ　…」

　能では「とうとうたらりたらりら　たられあがりららりとう」

　謎の文言として有名なもの。

①猿楽の声歌。笛、鼓、ひちりき、笙などの楽譜を口で謡い唱えることを言う。また、この語は、仏法の深義をあらわすものと記されており、仏教の陀羅尼（梵語の長文を翻訳せず、そのまま読み上げるもの）の性質を持たせている。

②舞楽の開幕曲「振舞」の曲の譜の吟謡である。

③チベット語の祝言の陀羅尼歌である。(チベット研究家　河口慧海(かわぐちえかい)説)

④陀羅尼に神道の言葉を和合したもの。

①が現在では最も穏当(おんとう)であるとされている。

「ところ千代迄(ちよまで)　をわしませ」

　　能では「所千代まで　おはしませ」

　　この所に住む方は、寿命長く、千代までおわしませの意。

「我等(われら)も千秋(せんしゅう)　さむらをふ」

　　能では「われらも千秋さむらはう」

　　私どももいつまでも御前にお仕えいたしましょう。

「鶴と亀との齢(よわい)まで　さいわい心に任(まか)せたり」

　　我々は、鶴や亀の如き長寿で、幸福も心の欲するままに得ている意。

「鳴るは滝の水（繰り返し）（中略）絶えずとうたり」

　　平安時代に流行した歌謡のひとつ。

　　日照(ひで)りが続いても、滝の水は枯(か)れず、いつまでもとうとうと流れるように、

　　君の御寿命も長く、お栄(さか)えになるでしょうの意。

「ありうとんどうふやァ」

　　『法華五部九巻書(ほっけごぶくかんしょ)』の「有百々々(ありとうとうとう)」をなまって言った詞で、前の滝の水の

　　「とうたり」の韻(いん)にあわせた拍子(ひょうし)的な言葉。

「君の千歳(ちとせ)をへん事も　天津乙女(あまつおとめ)の羽衣(はごろも)よ」

　　『拾遺集』の一首から。天人が百年に一度天降って、その羽衣の袖で四十

　　里四方の巌(いわお)を撫(な)でて、その巌をさすりつくすまでの時間を一劫(こう)といい、

永劫(えいごう)（長久）の時間をいう。

わが君は、千年たっても、あの天女が羽衣で、巌をなでたところですりへることがないように、いつまでもお栄えになるでしょうの意。

「あげまきやとんどうふやァ　参ろふれんげ　とんどうふやァ」

催馬楽(さいばら)「総角(あげまき)」にある。総角は、頭髪(とうはつ)をあげまきに結う若年の者のこと。催馬楽は平安時代に隆盛(りゅうせい)した古代歌謡。元来存在した各地の民謡・風俗歌に外来の伴奏(ばんそう)を加えた形式の歌謡。多くの場合、遊宴や祝宴、娯楽の際に歌われた。語源については、馬子唄や唐楽からきたとする説がある。（wikipedia）

総角の歌ではないが、今まで離れて坐っていたが、どれ立ち上がってそなたの方に行こうの意。翁と三番叟が離れていたが、一緒に祝福しようという意に用いている。

「千早振(ちはやふ)る神のひこさの昔より　此所久(このところひさ)しかれとぞ祝(いわ)い」

能では「此所」がない。

千早振るは神にかかる枕詞(まくらことば)。わが君は神代(かみよ)の昔から幾久(いくひさ)しくお栄えになるように神がお守りになっているの意。

「そよやァ　りちやァ　とんとふやァ」

「そよや」はそれよの意味の発語。「りちや」は拍子語。

「凡(およそ)千年の鶴は　萬歳楽(まんざいらく)と唄(うと)ふたり　又、‥　謡(うと)うたり」

舞楽の「萬歳楽」の曲名を以(もっ)て祝福(しゅくふく)の意を表している。

わが君を祝って千年の年を経た鶴が、萬歳楽と謡ったの意。

「又・・甲に三玉を頂たり」

能では「甲に三極を備えたり」

三極は天地人の三才。池に住む万代を経た亀は甲に三才を表したの意。

三才とは、中国古代の思想の一つの型。三材とも書き、「三才の道」ともいう。

天・地・人をさし、この三つはそれぞれ完結した世界を形成しながら、相対応して同一の原理に支配されているという思想。（wikipedia）

「なぎさの砂子　さくさくとして　朝の日の色をろふす」

能では「渚の砂索々として朝の日の色を朗じ」

渚の砂はさらさらとして朝日の影を映しているの意。

「滝の水　冷々と落ちて　夜の月　あざやかに　うかんだり」

能では「玲々として」

滝の水は冷々として、夜の月をあざやかに宿しているの意。

「天下泰平　国家安穏の　今日の御祈祷なり」

天下は太平で国土は安全、この詞を以て今日の御祈祷とするの意。

「阿しはらや　奈志よの翁ともなり」

能では「在原や　なじょの翁ども」

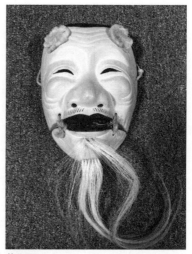

翁の面

在原は在原業平をさし、「伊勢物語」から翁の意に用いたという説がある。

　　あれは、どういう老人(翁)たちであるかの意。

「そよや」

　　それは、それはまあ（拍子詞）

「千秋万歳の喜びの舞奈れば　ひとさし　舞をふ萬歳楽」

　　今日はわが君の千年万年のお栄えになるお祝いの舞であるから、一さし萬歳楽を舞おうの意。

「萬歳楽」

　　祝福のことば。

「をゝさい　をゝさい　喜びありや　喜びありや　此の所の喜びをほかへは　やらじと　御舞ふ」

　　能では「わが此の所より　外へはやらじとぞ思う」

　　よろこびをこの所に留めて、外にはのがしはしないの意。

「跡の太夫殿に一寸見参申そふ」

　　能では「あらめでたやな　物に心得たるあどのあどの太夫殿に見参申さう」

　　あどの太夫は狂言で主役の相手方になる対応者をいう。

　　見参はお目にかかるの意。

「居りそふらへ」

　　能では「おりそへ」

　　居り候への意。

「色の黒き尉殿」

　三番叟をさす。三番叟は黒く塗った切り顎の面をつける。

「おもおもと御直り候」

　重々しくお座り下さいの意。

「こなたこそ」

　能では「あり様がましや候」

　晴れがましいことではあるの意。

　鈴を渡された三番叟が今更ながら仰山らしいことになったので少し照れて言葉」

　以上が文言についての解説にあたる。様々なところからの言葉が組み合わされて、使われていることが分かる。ただし、部分的にはつながりがある文言であるが、全体としてのつながりがある内容ではない。ここが不思議なところである。

4 式三番の三場面と舞の意味

　式三番は、三つの異なる場面で構成されているが、それぞれ以下のように解釈されている。

　　第一場

　　　千歳　　千歳の舞は露払いであり、翁の舞に含まれ一番とは数えない

とも言われる。

第二場

翁(おきな)　天下泰平(てんかたいへい)を祈る。

第三場

三番叟　五穀豊穣を寿(ことほ)ぐ足拍子に農事にかかわる地固めの、鈴の段では種蒔(たねま)きを思わせる所作(しょさ)があり、豊作祈願(ほうさくきがん)の意図(いと)がうかがえる。

舞の意味

　二之宮の式三番叟を演じている側からみると、舞にしても囃子方にしてもこの形式が当たり前であるとして演じているが、能の他の演目と比較すると、かなり特異であることが分かる。『海に漂(ただよ)う神々』（幻冬舎 2012）から「式三番」（翁）の舞や囃子方等の特異な点について紹介する。

翁の舞

　能の「翁」についての記載(きさい)になるので、二之宮の式三番叟とは異なる点があるが、式三番の舞の意味を知る上で重要な指摘であると思う。

「「翁」という能は、今日知られている他の多くの能とは雰囲気がまったく異なる能です。室町時代に能を大成した観阿弥、世阿弥の父子が活躍するようになるはるか以前から連綿と続いてきたものが背後にあるらしく、能の起源とはこのようなものであったかと思わせてくれる厳粛さがあります。「翁」については、よく「能にして能にあらず」と評され、観ている限りでは特にストーリーがあるようにも思われません。天下泰平や五穀豊穣を祈る特殊な儀式のようで、最初から最後まで不思議な雰囲気を湛えています。

　「翁」は能楽関係者から非常に大切にされており、新年や舞台披きなど、特別のときしか演じられない能です。演者たちは、「翁」を演じるために何日も前から別火といって竈の火を他の人と別にするなどの精進潔斎を行い、身も心も清めます。また、上演の前には揚幕の奥の鏡間に白木の祭壇を設け、翁の面、三番叟の面、それに三番叟が手にする鈴を納めた面箱などを祭り、神酒・洗米・粗塩を供えます。何十世代にもわたって大切に受け継がれ、慎重に演じられてきた特別の能ですから、準備を慎重に行って開演にそなえるのです。

　しかし、「翁」は単に起源が古いということだけが特徴ではありません。「翁」は今日の能の常識とは異なる点がいくつもあり、極めて謎の多い能なのです。「翁」を能の起源のようだと述べましたが、実は「翁」と他の多くの能とは共通する部分がほとんど見あたらず、むしろ「翁」は他の能とはまったく別系のものではないかとさえ思われるほど特殊なものなのです。(中略)

今日観ることができる「翁」は、翁が舞う狭い意味での「翁」の部分と「三番叟」の部分との二つに大きく分けることができます。流派によって多少の違いがあるようですが、まず、謎多き「翁」のおおよその流れとあらすじを紹介しましょう。

　「翁」の能が始まる前には、揚幕付近や鏡間などの奥の方で火打ち石による切り火が行われます。切り火は魔除けの意味があるのでしょうが、切り火の音とはじける石火の勢いが会場全体を清めてくれます。この切り火をみただけでも普通の能とはどこか違うことが分かります。この切り火の音で観客にも多少の緊張が生じます。

　その後しばらく間があって揚幕が上がり、狂言方の面箱持が、翁の白式尉の面、三番叟の黒式尉の面、三番叟が使う鈴が入った面箱を奥の方から恭しく捧げながら、ゆっくりと静かに橋掛かりを渡って、舞台に進んできます。このとき面箱持は、観客の視線を一身に浴びつつ、もどかしいほどゆっくりと、一歩一歩慎重に足を運びます。こうして、いよいよ「翁」が始まります。

　面箱持の次に翁役のシテが直面で登場し、そのあとにツレの千歳、狂言方の三番叟が続き、さらに侍烏帽子、素袍裃姿の囃子方や地謡などが揚幕の奥から順に橋掛かりに進んでいきます。何と演者全員が揚幕の奥から登場してくるのですが、この間、物音一つしません。舞台から橋掛かりの奥の方まで二十名近い演者がずらりと並び、全員がそろったところで、シテが舞台中央で正面に向かって深々と丁寧なお辞儀をし、ゆっくりと所定の

位置に座ります。その後、面箱がシテの正面に据えられ、千歳と面箱をもってきた狂言方の着座を待って他の演者はそれぞれ所定の位置にすわります。

　ここまで、すべて無言で事が進められてきますが、この間、観客も固唾（かたず）を飲んでじっと演者の仕草を見つめています。

　ここまででも、すでに通常の能とは大きく異なる点があります。たとえば、通常の能では最初に舞台に登場するのは囃子方で、揚幕の奥から幕の脇を抜けて笛一人、小鼓（こつづみ）一人、大鼓（おおかわ）一人、太鼓（たいこ）が入る場合には大鼓に続いて太鼓一人という順番ですが、「翁」では面箱が最初に登場します。また、地謡は通常の能では舞台右奥の切戸口から入り本舞台の右側の地謡座に座るのですが、「翁」ではシテや囃子方に続いて揚幕の奥から舞台に上がり、囃子方の背後の後座に座を占めます。

　通常の能では、囃子方、地謡に続いて舞台に登場するのはワキです。また、そのワキに続いて登場するのは、揚幕の奥の鏡間で能面を着けた主役のシテです。シテは面を着けて登場し、舞台で素面を見せることはありませんが、「翁」ではまったく様子が違います。「翁」では演者全員が着衣を正して揚幕の奥から登場し、さらにシテの演者が正面で深々とお辞儀をします。これだけでも、通常の能を見慣れた者にとっては極めて異様ですが、実はそれだけではないのです。最も驚くべきことは、翁も三番叟も面を着けないままの直面で登場し、舞台の上で面を着けて、舞が終わると舞台の上で面を外し、直面で退場していくことです。舞台の上で面を着け、さらにその面を舞台の上で外し退場するというのは、「翁」だけの特殊な方法なのです。

このほか、小さなことのようですが、注目されるのが囃子方の編成です。通常の能では笛、小鼓、大鼓はそれぞれ一人です。「翁」では笛と大鼓こそ一人ずつとなっていますが、小鼓が三人という特殊な編成になっているのです。なぜ小鼓だけが三人も必要なのでしょうか。

　しかも、謎は小鼓の人数が多いというだけではありません。もっと不思議なことが演能の最中に起こるのです。そのあたりに注意しながら、「翁」の続きを観察しましょう。

　全員が所定の位置に着いたところで、いよいよ舞が始まります。最初は千歳が舞います。千歳の舞は、そのあとに舞う翁の露払いと説明されることが多いのですが、舞のなかでは千歳は入念に四方を清めるような、あるいは四方を確認するような仕草を何度も行います。このとき、流派によって四方の宙空で何かをひねるような動作を繰り返すものがあり、その見慣れない動作が強く印象に残ります。

　千歳が舞っている間に面箱から翁の面が取り出され、後見が手伝いながら、シテがその面を着けます。千歳の舞に気を取られていますと翁が面を着けるシーンを見逃してしまいます。シテが着ける面は白式尉と呼ばれる白い面で、人の良さそうな、にこやかな笑顔を見せています。翁が着ける白式尉の面は、次の三番叟が着ける黒式尉の面と同様に、切り顎と呼ばれる特殊な構造になっており、下顎の部分が他の部分と切り離され、双方をわざわざ紐でつないだ形式になっています。この切り顎の白式尉の面と黒式尉の面には、まるで進化を拒否したシーラカンスのような不気味な

雰囲気が漂っています。
　千歳の舞が終わると、面を着けた翁が詞章を謡い、わずかに舞います。舞うといっても動きは少なく、大きな袖の衣装で両腕を大きく広げる姿が見られる程度です。翁の舞が終わるとシテは面を外し、直面となります。
　ここで再びシテは正面を向いて深々とお辞儀し、橋掛かりを渡って退場していきます。能の開始からシテの退場まで、ずっと息が詰まるような緊張感が舞台と見所に張り詰めています。
　実は、翁役のシテが退場したとき、囃子方に不思議なことが起こります。
　翁の舞が終わるまで、囃子方で演奏に参加しているのは、笛と三丁の小鼓だけなのです。つまり、最初の千歳の舞と次の翁の舞のとき、演奏に参加するのは笛一人と小鼓三人だけで、大鼓は舞台に上がっているにもかかわらず一人だけ体を笛に向けたまま、見所の方を向かずに知らん振りをしているのです。小鼓が三丁という贅沢な編成であるにもかかわらず、大鼓は一人で、さらに舞台に上がっている大鼓は演奏に参加しないという極めて特殊な演出になっているのです。ここに「翁」の重要な秘密がありそうです。
　さて、舞を終え、白式尉の面を外した翁役のシテは、揚幕に向かって橋掛かりをゆっくりと進んでいきます。このとき、翁が一人だけで退場していく流派もあり、また最初に舞を見せた千歳と翁が連れだって退場する流派もあるようですが、どちらにしても翁役のシテの退場の姿はどこか寂しそうに見えます。

ところが、寂しそうな翁が揚幕の奥に姿を消した瞬間、舞台の状況は一変します。

　それまでは息が詰まりそうなくらい厳(おごそ)かな雰囲気が張り詰めていた舞台でしたが、翁が揚幕の奥に姿を消した瞬間、急に賑(にぎ)やかになります。いつの間にか正面に向き直っていた大鼓が、翁が姿を消した瞬間、勢いよく演奏を始めるのです。大鼓の一打を合図に他の囃子方も演奏を再開し、一気に舞台が華(はな)やぎます。ここから、狂言方の三番叟が直面のままで賑やかな囃子に乗って派手な舞を始めます。

　三番叟の舞は揉之段(もみのだん)と鈴之段という二つに大きく分かれています。

　揉之段の三番叟の舞は、その直前までの動きの少ない翁の厳かな舞から一転して、元気で躍動的(やくどうてき)なものになります。三番叟は舞台を活発に移動しながら舞い、終盤で烏飛(からと)びと呼ばれる３回連続の跳躍(ちょうやく)を見せます。烏飛びの派手な飛び方は能では通常観られない動きですので、強く印象に残ります。

　揉之段の舞のあと、三番叟は鏡板の前の後見座(こうけん)のところで面を着けます。

　三番叟が着ける面は黒式尉と呼ばれる黒い面で、表情は白式尉と同様にニコニコしているのですが、下顎が切り顎になっていてどことなく不気味な印象があるうえ、色が黒いせいか白式尉のような優しさは感じられません。

　三番叟が黒式尉の面を着けたあとの舞は鈴之段と呼ばれています。鈴之段の舞では、三番叟は面箱持から鈴を受け取り、鈴を鳴らしながら種播(たねま)き

や田植えのような仕草を繰り返します。この仕草を見ていますと、鈴之段の舞と農耕との密接な関係が想像されます。このあたりが特に五穀豊穣を祈る舞かもしれないと思わせてくれる部分です。鈴之段の舞が終わると三番叟は面を外して退場します。

面箱には、翁の白式尉、三番叟の黒式尉という二つの面と鈴が元のように納められます。面箱持は最初に揚幕から入場したのですが、退場するときは目立たないように切戸口から退場します。その後、囃子方や地謡が退場して、「翁」の終演となります。

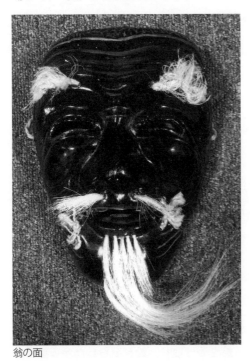

翁の面

なお、ほとんどの観客は気づいていないでしょうが、「翁」の開始から翁役のシテが揚幕の奥に退場するまでの間、観客席の出入口は封鎖され、観客の出入りが禁じられています。翁が活動している間、会場は密閉状態にされているのです。このように、「翁」は観客の出入りまでも制限するほど極めて厳重で、慎重に扱われているのです」

以上、長文の引用をおこなったが、ここからでも、この「翁」（式三番）は極めて儀式的かつ特異な性格を持つ神事舞であることが分かる。

　また、「翁」の舞は天下泰平を祈り、三番叟は五穀豊穣を祈るとされているが、それ以上の深い意味を持っているようにも感じられる。

　つづいて、県内での式三番の状況について紹介する。

5 群馬県内各地の式三番叟

『式三番叟』より
　群馬県内での記録に残る三番叟

「 人間によって演じられるもの
①二宮翁三番　赤城神社の祭礼（勢多郡城南村）、翁、三番叟、千歳、鼓二人、笛一人、太鼓一人、世話役（謡と拍子木の係）、歌舞伎調に神楽調が加味されている。（市指定無民文　二之宮の式三番叟 附(つけたり) 伝授書）（現前橋市二之宮町）
②蛸(たこつ)釣りの舞　三番叟　下南室(しもなむろ)赤城神社の太々神楽（勢多郡北橘村）、恵比寿(えびす)、若者、侍、河童(かっぱ)、笛、締(しめ)太鼓、大太鼓、神楽の余興(よきょう)舞として行われる。（現渋川市）
③式舞三番叟　広沢賀茂(かも)神社の宮比神楽、白黒の翁、三番叟、神楽の中に

能の要素が加わっている。(桐生市)

④狂舞屑紙拾い三番叟　広沢賀茂神社の宮比神楽、三番叟、笛、小鼓、太鼓、鉦(かね)、大太鼓、神楽の余興舞として行われる。(桐生市)

(国内では東日本を中心に37例)

　人形によって演じられるもの

①翁式三番叟　下長磯操翁式三番叟(しもながいそあやつりおきな)(前橋市下長磯稲荷神社)、翁(白尉面をつける)、千歳、三番叟(黒尉面をつける)、笛、太鼓、小鼓、地謡(県指定無民文)

(東日本を中心に22例)」

　この中で、群馬県内で人が舞う式三番は、現在二之宮の式三番叟のみになっている。富岡市中高瀬の式三番は現在中断中である。

下長磯操翁式三番叟(『前橋の文化財』より)

また、ここには記載がないが、前橋市粕川町込皆戸(こみがいと)で「込皆戸操り人形三番叟」が伝承されている。(市指定重要無形民俗文化財)

6 風姿花伝

　これから、二宮赤城神社に伝わる「二之宮の式三番叟」について、その由来や意味などをさらに深く調べてみたい。式三番の由来については、『式三番叟』（前述）によれば「仏教奥義を説くため、平安時代末、維摩会の学僧が、咒師芸の中から三番を選んで、これと「法華五部九巻書」にあるように仏教的意義と結びつけて、父叟・翁・三番による三番の連関歌舞に仕立て上げた。その他、古代からの翁の思想や、田楽の田主の存在、あるいは、神楽の影響など様々な要素が、複雑にからみあい、出来上がったのが式三番である。」となっているが、選ばれた咒師芸がそもそもどのように成立をしたのかについては、諸研究書の中に記述を見つけることが出来なかった。

　そこで、世阿弥（父観阿弥とともに猿楽（現在の能）を大成し、多くの書を残した。観世流として受け継がれている）の書『風姿花伝』から式三番に連なる能の由来について考察をしてみたい。

　まず、『国史大辞典第12巻』（吉川弘文館刊1991）によれば『風姿花伝』とは「世阿弥の能楽論書。七巻。（中略）「第一年来稽古条々」「第二物学条々」「第三問答条々」「第四神儀云」「（五）奥義伝」「第六花修云」「第七別紙口伝」の七編から成り、冒頭に序が置かれている。ただし、はじめから全七編の構想下に著述されたわけではなく、各編は個々に独立的性格が認められ、その「第三問答条々」までがひとまとまりとなって応永七年（一四〇〇）

の奥書をもつ。（中略）各編の成立、記事の増補・添削などには複雑な過程が想定される。（中略）風姿花伝は、単に世阿弥の最初の能楽論というだけではなく、後年深化を遂げる芸論にとっても、その原点としての位置を占めているという意味で、最も重要な論書というべきである。（以下略）」とある。

　式三番の由来を調べていくと、この風姿花伝が式三番に関わる非常に重要な書であり、特に「第四神儀に云ふ」の項は、その中でも特別な記載であることが言える。さらに、他とは文体が異なる点で、別に伝承されたものが、七編にまとめられる過程で組み込まれたとも考えられる。また、個々の内容を見直すと、他にはない能楽の由緒や秦氏にかかわる伝承が記されているなど、別の視野が開けてくる。

　最初に、少々難しい文章であるが、式三番について綴っていく上のキーワードが多く含まれている風姿花伝の「第四　神儀云」（『風姿花伝』講談社学術文庫　2011）の全文を紹介したい。

「 風姿花伝　第四　神儀云
一、申楽神代のはじまりと云は、天照大神、天の岩戸にこもり給し時、天下とこやみに成しに、八百万の神達、天香具山にあつまり、大神の御心をとらんとて、神楽を奏し、せいなう（細男）をはじめ給。中にも、あまのうず女（天鈿女）の御子すゝみいで給て、榊の枝にしで（紙垂）を付て、声をあげ、ほどろ（火処）焼ふみとゞろかし、かんがゝり（神懸かり）すと、

うたひ舞かなで給。その御こゑ（声）、ひそかにきこえければ、大神、岩戸をすこしひらき給ふ。国土又明白たり。神達の御面しろかりけり。其時の御あそび、申楽のはじめと云ゝ。くはしくは、口伝にあるべし」

「一、仏在所には、須達長者、祇園精舎をたてゝ供養の時、釈迦如来御説法ありしに、堤婆一万人の外道をともなひ、木の枝篠の葉にしでを付て、おどりさけめば、御供養のべがたかりしに、仏、舎利弗に御目を加へ給へば、仏力をうけ、御後戸にて、鼓しやうが（唱歌）をとゝのへ、阿難の才覚、舎利弗の智恵、富楼那の弁説にて、六十六番の物まねをし給へば、外道、笛、鼓の音をきゝて、後戸にあつまり、是をみて静まりぬ。其隙に如来供養をのべ給へり。それより天竺に此道ははじまるなり」

「一、日本国にをいては、欽明天皇の御宇に、大和国泊瀬の河に、こうずい（洪水）のおりふし、河上より一のつぼ（壺）ながれくだる。三輪の杉の鳥居のほとりにて、雲客（殿上人）此つぼ（壺）をとる。中にみどり子あり。かたちにうわ（柔和）にして○○○（別本　玉のご）とし。是ふり人（降人＝天降った人）なるがゆへに、内裏にそうもん（奏聞）す。其夜、御門の御夢に、みどり子の云、我はこれ、大国秦始皇（秦の始皇帝）のさいたん（再誕）なり。日域（日本）にきゑん（機縁）ありて、今現在す（目の前にいる）と云。御門きどく（奇特）におぼしめし、殿上にめさる。せいじん（成人）にしたがひて、才智人にこ（越）えば、年十五にて、大臣の位にのぼり、秦の姓を下さるゝ。しん（秦）といふ文字、はたなるがゆへに、秦河勝是也。

上宮太子、天下すこしさは（障）りありし時、神代仏在所の吉例に任て、六十六番の物まねを、彼河勝に仰て、同六十六番の面を御作にて、則河勝にあたへ給ふ。橘の内裏紫宸殿にてこれを勤す。天おさ（治）まり国しづかなり。上宮太子、末代のため、神楽なりしを、神といふ文字の片（偏）をのけて、つくり（旁）をのこし給。是日よみ（暦）の申なるがゆへに、申楽と名づく。すなはち、たのしみを申によりてなり。又は、神楽をわ（分）くればなり。

　彼河勝、欽明、敏達、用明、崇峻、推古、上宮太子につかへたてまつる。此げい（芸）をば子孫につたへ、他人（化人）跡をとめぬによりて、摂津国難波の浦より、うつぼ舟（独木舟）にのりて、かぜ（風）にまかせてさいかい（西海）にい（出）づ。はりま（播磨）の国しやくし（坂越）の浦につ（着）く。浦人舟をあげて見れば、かたち（形）人間にかはれり、諸人につきたゝりてきずい（奇瑞）をなす。則神とあが（崇）めて国豊也。おうきにあ（荒）るゝとか（書）きて、大荒大明神と名付く。今の代に霊験あらた也。本地毘沙門天王にてまします。上宮太子、守屋の逆臣（物部氏）をたひらげ給し時も、かの河勝が神通方便の手にかゝりて、守屋はうせぬと云ゝ」

　「一、平の都（平安京）にしては、村上天皇の御宇に、むかしの上宮太子の御筆の申楽延年の記をゑいらん（叡覧）なるに、先、神代、仏在所のはじまり、月氏、辰旦（震旦　中国）、日域に伝るきやうげんきゞよ（狂言綺語）をもて讃仏転法輪のいんゑん（因縁）をまもり、魔縁をしりぞけ、

ふくゆう（福祐）をまねく。申楽舞を奏すれば、国おだやかに、民しづかに、寿命長遠なり。太子の御筆あらたなるによ（因）て、村上天皇、さるがく（申楽）をもて、天下の御きたう（祈祷）たるべきとて、そのころ、彼河勝、このさるがく（申楽）のげい（芸）を伝る子孫、秦氏安なり。六十六番申楽を紫震殿にて仕。その比、紀のご（権）の守と申人、才智の人なりけり。是はかの氏安が、妹むこ（婿）なり。これをもあひともなひて申楽をす。

　そのゝち（後）、六十六番までは、一日につとめ（勤め）がたしとて、その中をゑら（選）びて、稲積の翁 翁面、代継翁 三番申楽、父助（父尉）、これ三をさだむ。いまの代のしき（式）三番是也。則、法報応の三身の如来をかたどり奉 所 也。式三番の口伝、別紙にあるべし。秦氏安より光太郎、今春まで、廿九（二十九）代のゑんそん（遠孫）なり。これ大和国円満井の座也。同氏安より相伝る、聖徳太子の御作の鬼面、春日の御神影、仏舎利、是三、この家に伝る所也」

「一、当代にをひて、南都興福寺の維摩会に、講堂にて法味をおこなひ給おりふし、食堂にて舞延年あり。外道をやは（和）らげ、魔縁をしづむ。その間に食堂前にて、彼御経を講給。すなはち、祇園精舎の吉例なり。然ば、大和国春日興福寺神事おこなひとは、二月二日、同五日、宮寺におひて、四座の申楽、一年中の御神事はじめなり。天下太平の御祈禱也」

「一、大和国春日御神事相随申楽四座
　　外山　結崎　坂戸　円満井
　一、江州日吉御神事相随申楽三座

山階　下坂　比叡
　　　　やましな　　　　ひゑママ
一、伊勢　主司　二座
一、法勝寺御修正参勤申楽三座
　　　新座　本座　法成寺
　　　河内住　丹波　摂津
　此三座内賀茂住吉御神事にも相随」

　これから式三番に関わる部分を要約すると、「村上天皇の時代に渡来人系の秦河勝より申楽の芸を受けた子孫の秦氏安という人が、彼の妹婿の紀権守を伴って六十六番の申楽を紫宸殿にて奉納していた。その後一日では勤めきれないということで、その中より稲積の翁（翁面）、代継の翁（三番猿楽）、父助の三つを定めた。これが今の世にいう式三番である。また、聖徳太子は、末の世のため、もと神楽であったのを、神字の偏を除き旁をお残しになった。これ暦の申であるから、申楽と名付けた。すなわち楽しみを申すによって申楽というのであり、また神楽の神字を分けたから申楽というのでもある。」となる。

　これについては、そのまま全て史実とするには疑問が多いが、内容は世阿弥の家に伝承として残されたものを文字として記載したものと見られる。他にはこれと同様の内容の資料は見当たらない。全くの創作なのか、他には秘された世阿弥の家だけに残された事項なのか、不明である。ここにある秦氏については、後に記す。

7 「申」

　まず、申楽の由来である「神という字の旁である「申」の文字から名付けられた」について、風姿花伝では暦の申としているが、『漢字の語源』(角川書店 1976) によれば、いなびかりの形と同時に音を表す。「電」の原字である。電は天の神。雷の振動する音から、天の神を「シン」とよんだものであろう。電光の形の省略とも見られる。「もうす」や「さる」の意味は「借用」と記載されている。これからは、世阿弥の論は当てはまるとは言えないことが分かる。

　次に、世阿弥の祖とされ、式三番を定めたとされる秦氏(はたし)についてみていく。

8 秦氏

　『風姿花伝』の第三編の末尾の奥書に、「応永七年庚申(こうしん)卯月十三日　従五位下　左衛門大夫秦元清(もときよ)書」とある。これから、世阿弥の元の名は「秦元清」であり、出自が秦氏であることを示したものであることが分かる。

　世阿弥がなぜ秦氏であると称したかについて、それが史実である場合と祖は異なるが秦氏と称したかについては、決めがたい。そこで、まず、「秦氏」について『国史大辞典第 11 巻』(古川弘文館刊 1990) の記載によって基本事項を確認してみることにする。

秦氏「古代に朝鮮半島から渡来した氏族。秦始皇帝の裔と称し、後漢霊帝の子孫とする漢氏と帰化氏族の勢力を二分した。『日本書記』には、応神朝に弓月君が百二十県の人夫を率いて帰化し、雄略朝に全国の秦民を集めて秦酒公に賜い、酒公は秦造として百八十種勝を率い朝廷に庸調の絹縑を貢進したとし、欽明朝に山背紀伊郡人秦大津父を大蔵官に任じ、秦人七千五十三戸を戸籍に付し大蔵掾を秦伴造としたとする。『新撰姓氏録』の説話も共通し、酒は秦民九十二部一万八千六百七十人を率い絹を貢進し、これを収めるため雄略天皇の朝倉宮の側に大蔵をたて、酒を長官にしたという。ついで、推古朝に秦河勝と天寿国繡帳を作成する令者として椋部秦久麻がみえる。大化前代の朝政に名を残すのはこの程度で、いずれも朝廷のクラ（庫・蔵）を管理する実務官であるが、在地に巨大な勢力をもつ殖産的氏族としての性格をもつことを示している。その本拠地は山背国葛野・紀伊・愛宕郡を中心に、近江国愛智・犬上郡から美濃・越前・摂津・播磨国に及び、山背国の秦大蔵・秦倉人・秦高椅（たかはし）・秦川辺・秦物集（もずめ）・秦前、近江国の依智（えち）秦・簀（す）秦などの傍系氏族も秦の一字を共有するように、氏の分化が少なく、比較的等質性を保つ土豪としての性格をもつ。配下の秦部・秦人・秦人部も山背・美濃・備前・豊前国などにわたり、同族集団を形成していた。秦氏は天武朝の八色姓（やくさのかばね）で漢氏とならび忌寸を授けられたが、実際には一部に実施されたのみで、天平20年（748）に秦氏千二百余烟に伊美古（忌寸）を賜っ

たように同姓の改姓はおくれ、しかもこのような多数の同族が一時に改姓される例は日本の他氏族にはなく、氏族の基盤の深さが知られる。『姓氏録』では、山城国諸蕃（帰化した氏族）に秦忌寸、左京諸蕃に太秦公宿禰があるが、後者は平安京に移貫された後の称であろう。（中略）元慶7年（883）秦氏は惟宗朝臣に改姓され、明法家（法律家）を多く輩出し、ほかに朝原忌寸（のちの宿禰）に改姓されたものもあるが、各地方には秦姓のものも多く残り、ともに在庁官人・郡司としての名をとどめている」とある。

　古代の有力氏族としての存在は記載されているが、能（申楽）や世阿弥については書かれていない。
　さらに、世阿弥の『風姿花伝』にある申楽の創始に関わる「秦河勝」については、同じく『国史大辞典』には以下のようにある。

「七世紀ごろの人。推古朝の聖徳太子の近侍者。山背国葛野郡を本拠とする秦氏の族長的人物。川勝とも書く。『日本書紀』『広隆寺資財交替実録帳』『広隆寺縁起』などを総合すると、推古天皇11年(603)、聖徳太子より仏像をうけ葛野に峰岡寺(広隆寺)を建てたとし、同18年に来朝した新羅・任那使の導者となっているが、おそらく推古天皇30年に太子の病気平愈か追福のため寺を建立し、そのときに太子よりかつて賜わった新羅の弥勒菩薩像を安置したとする記事の方に信憑性があろう。河勝は皇極天皇3年（644）東国不尽河（富士川）のあたりで大生部多が蚕に似た虫を常世神としてま

つり、巫覡（みこ）もこれにことよせ村里を迷わせたので、かれらを打ちこらしめたという。『上宮聖徳太子伝補闕記』『聖徳太子伝暦』には、用明朝に物部守屋の討伐に、太子の軍政人として参加し、冠位十二階の大仁、のち小徳を賜ったという所伝がある」とある。

　ここにも能（申楽）との関連の記載はない。

　そこで、秦氏について『謎の渡来人　秦氏』（文藝春秋社 2009）より、秦氏とその出自、申楽についての項を引用する。

「戦前に大著『姓氏家系大辞典』を完成させた太田亮は、秦氏についてこう言っている。「天下の大姓にして、その氏人の多き事、ほとんど他に比なく、その分支の氏族もまた少なからず。而して上代より今に至る迄、各時代共、恒に相当の勢力を有する事も、他に類例なかるべし」

　秦氏の本拠地は山背国（現在の京都府南部）であるが、史料で確認できる国は、加藤謙吉氏の調査によれば、三十四カ国八十九郡に及ぶ。北は上野国・下野国から南は豊前・筑後国に至るまで。関東以北や九州南部以外では広範囲に分布する。

　古代の戸籍や木簡などの史料には、「秦某」のほかに、「秦人某」「秦人部某」「秦部某」といった人名が見られる。

　加藤謙吉氏によれば、秦人とは"秦氏の支配にあって養蚕・機織製品の貢納なども行った渡来系の農民"であり秦人部・秦部とは"秦氏に貢納してい

た倭人系の各地の農民″であったという。生産・経済力においては抜きんでた存在であった。

　日本書記に欽明天皇（継体天皇の子ども）と秦氏に関わる伝承が収められている。

　欽明天皇が即位する幼いころのこと。夢の中で何者かがお告げを下した。その言葉とは、秦大津父という者を寵愛すれば、大人になったあと、あなたは必ず天下を治めることができるでしょう、という内容であった。目覚めて彼は早速この名前の人物を探索させた。すると本当に「山背国紀伊郡深草里」（現在の京都府伏見区深草）に同じ名前の人物がいるのが発見された。この奇瑞に驚いた若き欽明は、彼を召し出し、このような珍しいことがあるからには、何事か汝の身の上に起きたのではないか、と問うた。秦大津父は、最初は何も覚えがございませんと答えたが、しばらく考えたあと、このような話を始めた。「私が伊勢に向かって商価のために往来したときに、山中で２匹の狼が相闘い血に汚れているのに出くわしました。私は馬から降りて口を漱ぎ手を洗って禊ぎを行い、祈請して申しました。「あなた方は貴い神で、荒々しい行を好まれます（狼もまた"大神"であるから）。しかもこんなところで猟師に出会ったら、たちまち捕らえられてしまいます」そう言って、お互いが闘うのを押しとどめて血を洗い流して放してやり、両方の命を全うさせてやったのです」話を聞いた欽明は、「きっとその報いなのだ」と言った。そこで秦大津父をお側近くに仕えさせ、日に日に厚く待遇されたところ、大層に冨が増えた。践祚（即位）に至って、大蔵の官

司に任じられた。

　かつてこの物語は、継体天皇没後の二朝併立を暗喩したものだ、という解釈がされた。また、山背国紀伊郡深草里が秦氏の拠点であったこと、秦大津父が山背から伊勢まで馬に乗って商いをしていたこと、そして狼の決闘を止めたことが遠因となって欽明に抜擢され、朝廷の財政に関わる大蔵官に任じられたこと、これにより、天皇が大いに富を得た。秦大津父が有力な富商であったことが言える。

　この秦氏については、いつどのように渡来したかがはっきりしない。

　古事記の応神天皇段には「又、秦造の祖、漢直の祖、及び酒を醸ることを知れる人、名仁番、亦の名須須許理ら、参り渡り来つ」とあるのみで、秦造の祖の名前は書かれていない。

　平安時代初期に編纂された『新撰姓氏録』には次のような記載がある。

　「太秦公宿禰、秦の始皇帝の三世孫孝武王の後也。男功満王、足仲彦天皇（諡　仲哀）八年来朝す。男融通王（一名弓月王）、誉田天皇（諡　応神）十四年来朝す、百二十七県の百姓を率いて帰化し、金銀玉帛等の者を献ず」

　太秦宿禰は秦氏の総本家ともいえる家柄であるが、その出自は秦の始皇帝の子孫であり、弓月王の一名を持つ融通王が応神十四年に百二十七県の百姓を率いて帰化したのが秦氏の始まりとしている。

　この弓月王については日本書記にも記載はあるが、秦氏の祖先であるとの記載はない。

　秦氏が王朝の遺臣であるとの説を支持する人は多くはないが、聖徳太子

没後に作られたとされる『天寿国繍帳(てんじゅこくしゅちょう)』に「椋部秦久麻(くらべのはたのくま)」という名が見え、推古朝には中国系の移民として公式に認められていたのではないか。

秦氏は膨大な人口を抱え、各地に勢力を扶植(ふしょく)(植え付ける)し、開発に努める土豪的性格が濃厚であったといえる。

『隋書倭国伝(ずいしょわこくでん)』に「都斯麻国(つしま)を経る。迥(はる)かに大海の中に在り。又、東、一支国(いきこく)に至る。又、竹斯国(筑紫国)に至る。又、東、秦王国に至る。その人、華夏(中華)と同じ。以て夷州(いてき)とするも、疑い明らかにする能わず」(その人は中国人と同じである。夷狄(中華に対して四方に居住する異民族の総称)の国とされているが、その疑いは明らかにできない(解明できない))

遣隋使(けんずいし)が秦王国の人々を自分たちと同じ中国人と認識していたのである。

当時、中国から朝鮮半島に移住する人は多くいた。その中にはさらに日本列島へと移住を重ねていく人がいたとしても何ら不思議ではないだろう。

おそらく秦氏の本宗家は、中国を祖国とする秦の遺民(いみん)と称する人々だったのではないだろうか」とある。

また、世阿弥の元の名が秦元清であることは、前に引用したとおりである。

風姿花伝には、他には見られない伝承が記載されている。冒頭の『風姿花伝』の一部を分かりやすくすると以下のようになる。

「欽明天皇の御世に大和国泊瀬河(はつせ)に洪水があった折、河上から一つの壺(つぼ)が流れ下ってきた。大神神社の鳥居の辺りで、貴人がこの壺を手に取り、中をご覧になったところ、柔和で玉の如き小さな子がいた。驚いた貴人は、天から降った人であるとして、天皇に奏上した。その夜、天皇の夢に、その

小さな子が現れて、「我は大国秦始皇帝の生まれ変わりである。日本に縁があって、今ここに現れた」と云った。帝は奇徳なこととして、その子を朝廷に召された。成人するにしだって、才智は人を越え、十五歳にて大臣の位に昇り、秦の名を賜った」

　これらは、『日本書記』・『古事記』には全く書かれていない秦氏の由来である。風姿花伝にこれがあるということは、世阿弥の家にはこれが先祖である秦氏の由来として伝承されていたといえる。さらには、自らが秦の始皇帝の子孫であるかはともかく、中国系の渡来人の子孫であることを認識していたのは確実であると言える。

　渡来の経路が大陸から直接渡来したのか、朝鮮半島経由であるのかについては、はっきりしないが、この時期に中国系の多数の渡来人があったと思われる。

　また、秦氏が中国を祖国とする渡来人であることが伝説ではなく、事実に基づいていると考えるのが妥当と思える。特に、隋書の記載にある「秦王国」が「その人、華夏と同じ。以て夷州とするも、疑い明らかにする能わず」（その人は中国人と同じである。夷狄の国とされているが、その疑いは明らかにできない（解明できない））は注目すべきである。

9 徐福

　秦の始皇帝に関連して、日本に渡来したと言われている、有名な徐福に関わる伝説がある。

『国史大辞典第 7 巻』(古川弘文館刊 1986) によれば、
「徐福は中国秦代の方士（方術に秀でた者）で斉の人。徐市（じょふつ）とも書く。『史記』の『秦始皇本記』に、帝が不老不死の仙薬を求めて居るのに徐福は上書して東海の三神山にそれを捜しに童男女数千人を連れて出発することになったことがみえる。結局秘薬のことは失敗に終ったが徐福はわが国の紀州熊野浦に到着したという伝説になっている。このことは『史記』によったと思われるが『神皇正統記』にも書かれている。徐福は今の和歌山県新宮市に住みついて暮らしたという。新宮の阿須賀神社の南に紀州藩主徳川頼宣が儒臣李梅渓に書かせ建てたという碑がある」とある。

　ここでは、全くの伝説との扱いであるが、中国の史記には徐福の名が明記されている。しかし、日本の古代史料にはその徐福という名は見られない。また、日本の古代史料にある秦氏との関連については、不明な点が多くある。
　日本国内にはこの徐福に関する伝承地が、実は多数存在している。
『日本全国神話・伝説の旅』（勉誠出版 2009）等から編集して掲載する。

北から、

青森県北津軽郡中泊町	尾崎神社・神明宮	像・農業・漁業・医療
秋田県男鹿市	赤神神社	徐福塚・蓬萊島(ほうらい)
東京都青ヶ島	青ヶ島	童男
東京都八丈島	八丈島	童女
神奈川県藤沢市	妙善寺	子孫福岡氏墓所
山梨県・静岡県	富士山	来訪地
山梨県富士河口湖町	浅間神社・徐福社	養蚕・紡織・農法
愛知県豊川市小坂井町	菟足神社(うたり)	社創設・付近上陸地
愛知県名古屋市	熱田神宮	蓬萊島
三重県熊野市波田須	徐福の宮	墓・製鉄等技能
和歌山県新宮市	阿須賀神社・徐福宮	墓・製紙・捕鯨(ほげい)・蓬萊山
京都府伊根町	新井崎神社(にいさき)	仙薬
広島県廿日市市宮島町	厳島	蓬萊山
高知県佐川町	虚空蔵山	来訪・子孫長宗我部氏(ちょうそかべ)
福岡県八女市	童男山古墳	石像
佐賀県武雄市	除福社（ママ）	石像
佐賀県白石町	稲佐神社	仙薬
佐賀県佐賀市金立町	金立神社(きんりゅう)	上陸地・像・井戸
宮崎県延岡市	今山	蓬萊山・徐福岩
宮崎県宮崎市	浜木綿	仙薬

鹿児島県いちき串木野(くしきの)市　冠岳・徐福祠　　　上陸地・廟・像

　伝説地が日本各地にあり、その地で養蚕・紡織などに従事したとの伝承があり、前述の古代の秦氏の活動と重なる点が興味深く思える。
　ここには、伝承された技術が農業、医療、養蚕、製鉄等とあるが、技芸面でも中国からの伝承されているものがあることから、神楽や能（式三番のもとになった咒師芸(じゅし)）についても伝承され成立する過程で中国からの技芸の影響を受けたことが充分に考えられる。
　渡来人については、秦氏の項にもあるように、日本各地で生活・居住状況はさまざまであったようである。

10 群馬県内の渡来人

　群馬県内の渡来人については、『多胡碑が語る古代日本と渡来人』（吉川弘文館 2012）より、引用する。

　「（前略）渡来系文物の流入時期には、それが集中する幾度かの波があること（①弥生終末、②五世紀中葉〜後半、③六世紀後半〜七世紀初頭）や、文物の流入はそれのみが自ずから人伝いに移動するのではなく、その背後に人々の直接的な移動現象も考えられることが明らかとなった。もちろん、

七世紀後半には660年に百済が、次いで668年には高句麗が滅亡しており、大量の難民が日本列島に渡来した。今回は百済王族に至る上位階層も難民中に含まれている。したがって政治的な影響にはそれまで以上に大きなものがあろう。しかし、考古学の側に立ってみた場合には、朝鮮式山城の築城や切石石室の精緻化などいくつかの変化は認められるもの、一般集落における遺構、遺物など遺跡の状況からは社会形態の画期を想定できるほどの大きな変化は認められない。これは既述のように、すでに倭が朝鮮からの文化摂取に努めた結果、考古学現象として現れる文化内容にはさほどの差が認められなくなっていたからであろう。その意味ではやはり五世紀後半の画期には極めて大きいものがあるといわねばならない。

　さて、五世紀から八世紀初頭の多胡碑建碑に至る西毛の歴史を概観した結果、当地が五世紀以降、常に海外（朝鮮）との太い連絡網を維持していたことがわかった。特に、五世紀後半には大量の渡来人が当地にやってきて馬匹生産を中心に鉄器生産などに従事した。彼らの移動は、西毛に限らず広く東日本全体に惹起した渡来人移動現象の一環と理解してよい。しかし、こうした渡来人の大量移動は単に畿内の政権と各地首長による強権発動の結果ととらえるべきではなく、その背景として弥生時代終末期から存在した彼我間の交流を年頭に置く必要がある。彼らはやがて当地に根をおろし、在来倭人の社会に同化した。ただし、一部の人々は七世紀に至るまで方墳の積石塚を造営し続けている。彼らは時代の降下に従って徐々に北方へ北方へと移動しており（五世紀には高崎市周辺に積石塚が認められた

が、六世紀前半は渋川市が中心となる。さらに六世紀末以降は昭和村などの北毛地域へと移動したようである)、未開地の開拓者と考えられる（土生田2006）。もちろん彼らの自発的移動というよりは、おそらく畿内政権などによる強制的移動であったろう。

いずれにしても五世紀以降における渡来人の集住は、在地上位階層の積極的な海外進出・交流をも促す。こうして社会の上位層から下位層に至る総体が新来文化の摂取に努めたものと思われるのである。

このようにして倭人社会も渡来人たちも相互に文化的に同化した結果、既述のように、七世紀に入るころには少なくとも考古学的事象としては、渡来人が居住した痕跡を見出すことは難しくなった。しかし、精神的には渡来人の子孫であるという自覚はかなり後まで持ち続けられたであろう。冒頭に述べたように上野国では甘楽（加羅＝加那）郡があり、多胡郡建郡の際には隣接する片岡郡にも多胡郷をおいている。当該地における五世紀以降の歴史をみれば、このように多くの外国人（胡人）が長く蟠踞した地域（多胡郡、多胡郷）であることは明白である。しかし、渡来系文物の中には加那系のほか、新羅や百済に系譜を求め得るものも含まれていた。もちろん、威信財を中心とした文物は権力間の贈答に由来するものが多く、人の移動とは直ちに関係しないものもあろう。しかし、威信財を含めた文物移動の背景には、必ず人の移動や交流が含まれるとみるべきである。東国にも認められた新羅郡や巨摩（高句麗）郡などの国名ではなく、「多胡」という郡名には特定の地域に限定されない彼らの出自がかかわっていると

思えてならない。すなわち、多胡碑建碑に至る歴史的背景には、西毛地域が数百年に渡ってはたしてきた当時の国際文化摂取の地としての進取性がが認められるのである」

　このように、県内でも渡来人の居住や文物、技術の伝承が西毛地域を中心に大規模に行われてきており、残されたものも多い。
　また、その出自について限定されないということは、朝鮮半島からの渡来人だけではなく、中国大陸からの渡来人が含まれている可能性も否定できないのではないだろうか。

二之宮の式三番叟（明治40年上演　永井章睦氏提供）

〈資料編〉

1 『二之宮の式三番叟』（二之宮町無形文化財保存会）（2015）

　　二之宮の式三番叟　　　　　二之宮町無形文化財保存会

　　前橋市指定重要無形民俗文化財　昭和45年2月10日指定

　　所在地　二之宮町886　二宮赤城神社

　　指定名称「二之宮の式三番叟附伝授書」

式三番(しきさんば)の由来

　神事芸能であり、娯楽ではない。「神舞」「能の中の能」ともいわれる。

　仏教の奥義を説くために、平安時代末に、維摩会(ゆいまえ)の学僧が、咒師芸(じゅし)の猿楽（能）の中から三番を選び、仏教的な意義と結びつけ、父叟・翁・三番による三番の歌舞にしたもの。これに、翁の思想、田楽、神楽などの要素がからみあって出来たものが式三番である。

　その後変遷を経て、千歳(せんざい)・翁(おきな)・三番叟(さんばそう)のかたちになったのは、室町時代中期と言われる。

　この式三番は、その後人形座や歌舞伎でも祝言曲として取り入れられていった。地方に伝播(でんぱ)したのは、鎌倉末から江戸時代にかけてになる。

　式三番の残されている二宮赤城神社は、地名でも示されるように、平安時代の延喜式(えんぎしき)に記載された上野国十二社の二宮にあたる由緒ある古社である。神社には、多くの文化財が残るが、その一つに、享徳

2年（1453）銘の舞楽面（納曽利の面）があり、また、宝暦12年（1762）記の神社祭礼資料などから、「二之宮の式三番叟」はその創始は中世にさかのぼるとみられる。その後の変遷があり、中絶の危機を乗り越えて現在に至っている。

　存続に当たっては、1893（明治26）年に内田喜平氏によって書かれた『伝授書』が古くからの舞をそのままに伝承するのに大きな役割を果たしている。

　このような、中世芸能を知ることができる式三番で、人が古式により舞うものは県内で唯一であり、国内でも数少なく、後世に、守り、伝えるべき文化財である。

　能の式三番が源であり、この地に伝えられ、郷土芸能として伝承されているものが二之宮の式三番叟である。

舞について

千歳　　翁の露払いとして舞う直面（ひためん）の役

翁　　　「宿神」。この世とあの世を繋（つな）ぐ精霊。神々は翁の姿で現れる。天下泰平を祈り舞う。翁の面は、切り顎（あご）、ボウボウ眉（まゆ）の白式尉（はくしきじょう）であり、能面で最初に作られた面と言われる。最も神に近い面、神の面とされる。面は神として敬（うやま）われる。

三番叟　式三番の三番目に踊る。翁と異なる黒式尉の面をつけて舞う。五穀豊穣を寿（ことほ）ぐ舞で、その所作にも農事を思わせるものがある。ダ

イナミックかつ威厳のある舞で、後世の芸能に影響を与え、歌舞伎や人形浄瑠璃にも取り入れられ、祝言の舞として舞台披きや正月の興行に欠かせないものとなった。

文言　詞章は、和歌や催馬楽、今様などからとった歌曲を組み合わせたもので、『伊勢物語』『拾遺集』『梁塵秘抄』や舞楽曲が出典となっている。また、それ以降のものも含まれる。

毎年4月15日の二宮赤城神社の例大祭で舞われている。翁、三番叟、千歳、小鼓三人、笛一人、大鼓一人、座拝、陰謡で構成される。地元二之宮町の町民が昭和33年から保存会を組織し、継承に努めている。県内外で招聘されての上演も多い。

式三番を舞う舞台は文化四年（1807）に建てられたものである。

三番叟の流れと文言

二之宮の式三番叟　舞の流れ

拍子木で、幕があく。

千歳が舞台に出て、面箱を両手で掲げ、翁の出を待つ

翁が出て座につく。

千歳が面箱を翁の前に置いてすわる。

翁、面をつける。

翁と陰の掛け合い

翁「とうどう　たらり　たらりらー　たらり　あがり　ららりとう」

陰「ちりやたらり　たらりらァ　たらりあがり　ららりとう」

翁「ところ千代迠(まで)をわしませ」

陰「我等も千秋(せんしゅう)さむらうふ」

翁「鶴と亀とのよわいまで」

陰「さいわい心にまかせたり」

翁「とうとうたらり　たらりらァ」

陰「ちりやたらり　たらりらァ　たらりあがり　ららりとう」

千歳唄いながら舞台の中央に出る。

千歳「鳴るは瀧の水　鳴るは瀧の水　日は照るとをんもう」

陰「たへ津とふたり　ありうとんどふやァ」

千歳「たへ津とふたり　常にとふたり
　　　君の千歳(ちとせ)をへん事も　天津乙女(あまつおとめ)の羽衣(はごろも)よ
　　　鳴るは瀧の水　鳴るは瀧の水　日は照るとをんもう」

陰「たへ津とふたり　ありうとんどうやァ」

千歳四方固め、のち座につく。

翁「阿げまきや　とんどふやァ」

陰「ひろばかりや　とんどふやァ」

翁「座して居たれども」

翁この謡で舞台中央に、三番は舞台に出て、互礼をして左の座につく

陰「まいろふれんげとんどふやァ」

翁の舞

翁「千早振る　神のひこさ昔より　此所久しかれとぞいわひ」

陰「そよやァ　りちやァ　とんとふやァ」

翁「凡そ千年の鶴は　万歳楽（まんざいらく）と唄ふたり

　又、万歳（ばんぜい）の池の亀は　甲に三玉（さんぎょく）を頂たり

　奈ぎさの砂子さくさくとして

　朝の日の色をろふす

　滝の水　冷々（れいれい）と落て　夜の月

　阿ざやかに　うかんだり

　天下泰平（たいへい）　国家安穏（こっかあんのん）の　今日の御祈祷（ごきとう）なり」

翁「阿しはらや　奈志よの翁ともなり」

陰「我等は奈志よの翁とも　そよやいずくの翁とんどふやァ」

翁「そよやァ」

翁の舞　舞台一周

翁柱（舞台左手前）のところで、「叶」の文字を顎で書く素振りをする。

舞台中央で舞

翁「千秋万歳の喜びの舞奈れば　ひとさし　舞をふ万歳楽」

陰「万歳楽」

翁「万歳楽」

陰「万歳楽」

翁「万歳楽」

翁舞台中央で礼をして入る。

大鼓、表に出て、座につく。

三番の舞　頭で「叶」と書く。

三番「をゝさい　をゝさい　喜びありや　喜びありや

　　　此の所の喜びをほかへはやらじと御舞ふ」

舞、八種「中央の舞」「翁柱方向の舞」「下座方向の舞」「屑はずし之舞」「中返り之舞」「烏飛び之舞」「飛び違い之舞」「トッパツピヤロ」

三番　黒式尉の面を付け、舞台中央へ出る

三番と千歳の掛け合い

三番「あゝら目出度や　物に心意たる　跡の太夫殿に一寸見参申そふ」

千歳「調度参って候」

三番「たゞ御立ちぞ」

千歳「跡と仰せし候ほどに　随分物に心意たる　御跡の役に罷り立て候」

三番「されば候」

千歳「先ず今日の三番叟　千秋万歳　所繁盛と舞ふて居りそふらへ
　　　色の黒き尉殿」

三番「御世の如く此の色の黒き尉が　今日の三番叟　千秋万歳
　　　所繁盛と舞い納めふずること　何よりもってやすふ候」

千歳「されば候」

三番「先ず跡殿には元の座席へ　おもおもと御直り候」

千歳「それがし座席へ直ろふずる事　尉殿の舞より以てやすふ候」

三番「されば候」

千歳「先ず尉殿の舞を見もふし　其の後座席へ直ろふずるにて候」

三番「イヽヤイヤ御直りなふては　舞候まい」

千歳「只々一さし御舞ひ候へ」

三番「只々御直り候ひ」

千歳「アヽラ　いふがましや　さあらば鈴を参らせやう」

三番「こなたこそ」

三番　千歳より鈴を受け取り、舞。
　　　鈴の舞「固め」「蹴込み」「えさ拾い」「ヲ切ル」「髭剃」「(チョンチョ
　　　ンと前に飛ぶ)」

三番面をとる。

千歳面箱を持って礼をして下がる。

三番、舞台中央で膝をつき、面を上げる。大鼓で楽屋に去る。

拍子木で、幕が閉まり、囃子方は楽器を左手で突き出し、頭を下げる。

2 二宮赤城神社の納曽利面

『前橋の歴史と文化財』(前橋市教委1980)(県指定重要文化財)より
「二之宮町の二宮赤城神社には、リュウの面といわれる下顎がとれてなくなってしまった仮面が、宝物として伝承されている。この仮面には、次のような言い伝えがある。「仮面を外に出すと、上顎が、近江国(滋賀県)の多賀大社にあるとされる下顎に逢いたくなって、雲を呼び大雨を降らせ、世の中が大いに荒れる」と。

なんとなく物騒なこの仮面は、舞楽に使用された納曽利面で、裏面右側に「上野州勢多郡二宮□□神社」、左側には「享徳二季癸酉林雄一□再興旦那敬□」の朱書があり、享徳2年(1453)、二宮赤城神社再興の際に造られたものと推定される。顔面には、たくましくもりあがった鼻、丸く大きく穿孔された眼光、これらをとり囲んで皺が波状に顔面をうめつくしている。それらは、多分に象徴的であり、また、かなりの誇張がある。しかし、そこには立体感覚の的確な表現、力強く、そして無駄のない彫りの技術がみられ、全体として、格調の高さをかんじさせる名品である。

舞楽とは、雅楽の音楽を伴奏にして舞う舞のことで、その源流は、古代の朝鮮や中国とされ、わが国にもたらされたのは、古く奈良時代の頃とされている。それが平安時代になると、伎楽に代わって、貴族の日常生活にとけこんで盛行したが、鎌倉時代になると、宮廷の儀式や神社の神事と結びついて、次第に式楽的色彩を濃くしたものとなっていく。

　二宮赤城神社の納曽利面は、かつて、この神社の祭礼の際に、「納曽利の舞」が奉納されていたことを証明すると共に、こうした仮面は、県下には他に類品がなく、貴重な存在である。また、紀年銘を有することから、わが国の仮面制作史上からも、基準作例として注目されている」

3 二宮赤城神社

『上州のお宮とお寺』（上毛新聞社1978）より

「前橋市二之宮町の赤城神社は平地の中に豊かな社叢をもった神社である。（中略）

　この氏族は上毛野氏と考えるのであるが、この一族によって赤城

納曽利面「前橋の文化財」より

信仰が定着して神社が造営されたのであろう。

　二之宮の地名は上野国二宮の意味であろう。三夜沢赤城神社に対する二宮ではないと考える。即ち一之宮、二之宮、三之宮などと呼ぶことに深い意義を感じてきたころに、二之宮鎮座の赤城神社は神威を誇っていたのだろう。（中略）

　本殿の東北に礎石がある。平らな十数個の敷石の中央に鍋底のような舎利孔をもつ心礎があり、鎌倉時代のものと推定されている。江戸時代の絵図には五重塔跡とある。室町時代の戦乱に焼失したものであろう。また、本殿の西北に宝塔がある。重厚な感じで表面に漆を塗ってあるのが他の同型式のものと趣を異にしている。南北朝か鎌倉時代後半に作られたものであろう。

　こうした時代の遺跡、遺物が遺されていることで赤城信仰の高まりを知ることができるであろう。（中略）

　神宮寺は玉蔵院で大胡城内に移り、現在は大胡町堀越の金胎寺と合併して金蔵院となっている。（中略）

　赤城信仰の特殊神事に御神幸がある。三月と十二月の初辰の日に

二宮赤城神社

三夜沢赤城神社との間に神輿(みこし)の往復が行われる。これは、春に山の神が里に下って田の神となり、田の収穫が終って秋ふけた頃に山の神にかえるということであろうと、今井善一郎氏は説いた。

　田の神として山から下るのが二宮赤城神社だというところに、この宮が重要な神社だったことを知る。

　神社の宝物になぞり面という伎楽面がある。他に宝剣などが貴重である。拝殿内に大絵馬がかけられている。大胡藩主牧野康成が武運長久を祈願して奉納したと伝えている。(後略)」

二宮赤城神社の指定文化財

納曽利面	県指定重要文化財
二宮赤城神社梵鐘(ぼんしょう)	市指定重要文化財
二宮赤城神社絵馬	市指定重要文化財
二宮赤城神社の宝塔	市指定重要文化財
二宮赤城神社社地	市指定史跡
二之宮の式三番叟附伝授書	市指定重要無形民俗文化財
二宮赤城神社の御神幸	市指定重要無形民俗文化財
二宮赤城神社太々神楽	市指定重要無形民俗文化財

個々の文化財の概要については、「前橋の文化財」等を参照のこと。

4 人形による式三番

　市内には、人形による式三番も伝承されており、本文中で人形による式三番にあまりふれることができなかったので、ここでその由来について『三番叟』より記したい。

　「日本に於ける人形芝居は、奈良時代に散楽とともに中国から輸入された「くぐつまわし」が起源だとされているが、日本でも、芸能化された人形芝居が渡来する以前から、神託を伝える媒体として人形は遣われていた。現在も東北地方のイタコとよばれる巫女が、両手に持って遣う「オシラ人形」はその古い形を残しているといわれる。また、平安時代からは、正月に木人形による「神人形まわし」が行われていた。十一世紀中頃には逃散民が職能集団をつくり、彼らは「傀儡師」とよばれた。室町時代になると、単独の人形遣い「てくぐつ」が現れ、後、西宮の戎神社を中心にえびす神の人形をまわす「えびすかき」が組織されて、諸国をまわるようになった。このうち寺院と結合したものは「仏舞わし」とよばれた。

　やがて、人形と浄瑠璃が結びついた人形浄瑠璃が生まれて、日本の人形芝居は大きく進歩した。更に元禄時代（1688~1704年）に、近松門左衛門が竹本義太夫と提携し、台本としての戯曲内容が発展すると、それに伴って、人形の遣い方にも工夫がこらされるようになった。人形の衣装の裾から両手をつっこむ一人遣いから、人形の背中から手を差し入れて動かす方法になり、これによって、人形に足がつけられるようになった。口が開き、目

が閉じたり眼球が動くようになり、更に、享保十九年（1734年）に、三人の人間で一体の人形を遣う三人遣いという独自の技法が開発された。この文楽系の人形芝居の他に、指遣い、糸あやつり、からくり系の人形も、全国各地に保存、伝承されている。（中略）

『資勝卿記(すけかつきょうき)』の元和五年（1619年）二月三日の項に、"今日も小雨降　及暁(あかつき)　晴也　宰相所ヨリ今日エヒスカシ候間可参由也　おふく　宝慈院　被候　一間計之舞台ヲ立　ハシカゝリ有之　式三番已下如能由也　笛鼓以下無替義由也　珍義也　手クゝツノ様ナル由也〟（中略）これによると、元和ころには、式三番が能操りの演目として、えびすかきによって演じられていたことになる。（中略）『松平大和守日記』（中略）この日記は松平大和守直矩(なおのり)（寛永十九年＝1642年～元禄八年＝1695年、結城秀康の孫として越前大野城に生まれ、父の死後、姫路を襲封(しゅうふう)、その後、越後村上に移封(いふう)され大和守と称した（注　前橋松平家））が、明暦四年（1658年）四月から元禄八年三月二十七日まで、おおよそ三十八年間にわたって書いたものである。大和守は、歌舞伎、狂言、能楽、操、狂歌、書道、香道、和歌など極めて多方面に興味を示した人で、この日記は、特に演劇関係の記述が多い。操、狂言芝居の番組、出演太夫、役者名、見聞の一切、浄瑠璃の正本に関すること、他人の見聞した話に至るまでが述べられ、一種の風俗史、演劇史ともなっている。（中略）この時代（延宝1673~80年頃）には、操番組の冒頭に「式三番」が上演されることが定式化していたようで、（後略）。

式三番の系統

本系式三番

 操法　翁、千歳　一人遣い

    三番叟　　二人遣い

 系統　淡路、阿波、北原、江戸系

 場所　親沢、安乗、伊加利、古田、半原、下長磯など

 時期　十八世紀末まで

（中略）

人形の系統

 淡路系

西宮の百太夫が、西宮大明神に仕えていた道薫坊（どうくんぼう）の形代（かたしろ）を作って操り、淡路に渡った。初代源之丞（げんのじょう）は禁裡（きんり）に召されて式三番を奉納したという口承（こうしょう）がある。その後、京阪はもとより、江戸、関東各地に進出した。淡路では、特定の株をもつ人形役者が、定められた地域に夷大黒（えびすだいこく）の札を配り、正月二日からその地域の家をまわって、三番叟祈禱（きとう）を行う。

（中略）

式三番は、人形芝居とともに各地に伝わり、十八世紀末までに、その地に定着した実証があり、人形芝居が衰えた後は、祭礼の神舞として遺された。（後略）」

5 式三番・能・神楽・獅子舞

『国史大辞典』からの式三番・翁・能楽・神楽・獅子舞の記載をみる。

　三番叟「能の「式三番(翁)の後半に狂言方によって演じられる儀式的要素の強い舞。現行の「式三番」は、千歳ノ舞・翁ノ舞・三番叟ノ舞からなるが、三番叟に先立って演じられる翁が天下泰平を祈るのに対し、三番叟は五穀豊穣(ごこくほうじょう)を寿(ことほ)ぐといわれ、狂言方の役割の中でも特に神聖視されている。「式三番」は古く寺院芸能付随の呪師(じゅし)芸で三老翁の演技を主とするものだったが、そのうちの三番目の翁を猿楽者が演じるようになり(これを「三番猿楽」と呼んだ)、やがて「式三番」全体が猿楽芸となったときに狂言方の受け持ちとなったらしい。その時代はだいたい鎌倉時代末期と推定されているが、文献上の初見は『わらんべ草』(大蔵虎明(おおくらとらあき)筆、寛永～万治ごろ成立)の「三番さう」まで見当たらない。現在、大蔵流では「三番三」と記して万物を化成(かせい)する姿というが、三番目の翁という本来の意から考えて「叟」の字の方が適当と思われる。三番叟は「揉(もみ)ノ段」、「問答ノ段」(仮称)、「鈴ノ段」の三部分から成っており、全体を通して足拍子を踏むことが多いことから「三番叟を踏む」ともいわれている。「揉ノ段」は、前奏舞ともいうべき軽快なはつらつとした舞で、面もつけずに剣先烏帽子(えぼし)、若松に鶴松模様の直垂(ひきたれ)という出立(いでたち)で舞われるが、抜キ足や烏飛ビといった型があって、方固めの意図がうかがわれる。「問答ノ段」は、面箱(または千歳)を相手

役とした言祝(ことほ)ぎで、特殊演出ではこの部分が長大となることが多い。「鈴ノ段」は、黒式尉(じょう)の面をつけて鈴を持った荘重かつ飄逸味(ひょういつ)のある舞で、白キ翁の祝舞(翁ノ舞)に対する黒キ翁の祝舞である。鈴ノ段には種卸シや種蒔(ま)キといった農耕にちなんだ所作名が多く、農作祈願の意図がうかがえる。「式三番」のうちでも三番叟は翁以上に後世の芸能に強い影響を与えているが、特に歌舞伎や人形芝居では毎日開演前にその一部を演じる慣習があった。また、民俗芸能の三番叟は祝舞よりも言祝ぎの要素の強いものが多い」

　これから、式三番叟と呼び習わしているが、正確には「式三番(しきさんば)」で、その三番目の舞が「三番叟」であることがわかる。
　また、「式三番」の別名である「翁」については、以下のように記載されている。

　翁「能の曲名。式典曲。現在では正月か祝賀能など特別な場合にしか演じられないが、古くは一日の演能のはじめに必ず演じられた。すでに世阿弥のころ（室町時代）から「式三番」といって特別扱いされていたが、「翁は能にして能にあらず」といわれるように他曲にくらべて形式や構成が全く異なり、儀式的要素が非常に強い曲である。能役者の間ではこの曲を『能の原型』として神聖視しており、この曲を勤める者は一ヶ月以上も前から精進潔斎(しょうじんけっさい)するほどだったが、現在では簡略化されている。「翁」の発生については未だ確実な資料がないが、『大乗院寺社雑事記』や『興福寺明王院記録』

などに「式三番」のことを「呪師走と呼ぶ」と記してあることや、呪師の芸と「翁」の内容との共通性（天下安全五穀豊穣を祈願する）などから、修二会に奉仕する呪師の芸に始まり、のちに猿楽者が呪師に代わって演じるようになったものと推定されている。その時期については、1255（建長7）年の『春日若宮祐茂記』によってそれ以前から薪猿楽が行われていたことがわかるだけで、始まった年代は不明である。1126（大治元）年天台座主忠尋作と伝える『法華五部九巻書』に「其次第、父叟形レ仏、翁形ニ文殊ー、三番形ニ弥勒ー」とあるように、「翁」は元来、翁・三番猿楽・父尉の三老翁の舞を中心とした芸能であった。それが鎌倉時代中期の1283（弘安6）年の記録には、児・翁面・三番猿楽・冠者・父允の五人が登場する形になり、世阿弥のころには現在とほぼ同じ構成、露払・翁・三番猿楽という形に変化したのである。現在でも老翁が二人登場する「十二月往来」や「父尉延命冠者」という異式があるのは、こうした古い形の名残であろう。なお、「翁」の異式にはこのほかに「初日之式、二日之式、三日之式、四日之式」などがある」

とあり、「式三番」のはじまりと意味についてが記されている。

これからみると、式三番は寺院での行事が起源であり、多くの舞の中から選び抜かれた三つの舞の総称と呼ぶのが通説になっていることが分かる。

「式三番」に関連する「能楽」と「神楽」や関連する内容についても、『国史大辞典』より以下に引用する。

能楽「南北朝時代に始まった日本の代表的な古典芸能。歌と舞を主要素とする歌舞劇で、猿楽（さるがく）の能をさす。創成期の猿楽などが演じた歌と舞による劇形式の芸を『能』といい、「猿楽の能」のほか「田楽（でんがく）の能」や類似の芸「延年（えんねん）の能」も存在したが、室町時代以後は猿楽の能が主流となったので単に「猿楽」ともいわれ、明治維新まではそれが普通であった。明治期になって「能楽」といい始め今日に至ったが、これには猿楽能と狂言を含めていう場合と猿楽の能のみをさす場合とがあり、前者の方が一般的用法である。（中略）

〔沿革〕能の成立過程は不詳だが鎌倉時代中期には初期形態の能がすでに成立し、後期には祝禱芸の翁（おきな）猿楽とともに猿楽座の主要な芸になっており、田楽座も演じていたらしい。（後略）」

神楽「神事に伴う歌舞。斎場（さいじょう）に神座を設けて庭燎（にわび）を焚き、神々を勧請（かんじょう）して行う招魂（しょうこん）・鎮魂（ちんこん）の神事芸能をいう。『古今和歌集』20所収の神楽歌（採物（とりもの）の歌六首、日女（ひめ）の歌一首）が「神あそびの歌」と標示されているように、古くは「神遊（かみあそび）」と呼称されていた。神自身が行う呪術的な鎮魂舞踊という受けとめ方からである。もとは特定の建物を必要としなかったが、のちには仮殿や神楽殿を建てるようになった。宮中の御神楽は賢所（かしこどころ）を正面とする前庭に幔幕（まんまく）をめぐらして、その中が神楽舎で、民間の場合は神殿の隣室や神社の拝殿（はいでん）などに神座を設けた。神座には太柱を立てたが、後世は榊（さかき）や幣（へい）、さらに松・竹・柳・剣・鉾（ほこ）・弓矢などにも替わり、それを採物と

する舞が発達した。「神楽」の文字は『万葉集』にみえ、神楽浪・神楽声浪・楽浪を「ささなみ」と訓じている。（中略）

「かぐら」の語原についても諸説あるが、結局は「かむくら（神座）」の約音説（榎並隆璉・大槻文彦）が穏当。（中略）

神楽を大別すると、宮中および伊勢神宮・賀茂神社などで行われる御神楽と、それ以外の諸社・民間で奏される里神楽に分けられる。（中略）

民間の神楽（里神楽）は、その形態の上から、（一）巫女神楽、（二）出雲流神楽、（三）伊勢流神楽、（四）獅子神楽の四種に分類されている。

（一）は、石清水八幡宮や奈良の春日その他の各社に伝来する巫女舞中心の神楽。神懸り前の清めの舞が洗練され、様式化されて、今みるような祈祷の舞となった。

（二）は、出雲佐太神社の莫蓙（御座）替神事を母胎とする神楽。前段で素面採物舞、後段では、神話・神社縁起を能風に脚色した十二段の神能を演じた。それが、地方色を加えつつ、山陰・山陽から全国に広まった。岩戸神楽・神代神楽・太々神楽などがそれである。

（三）は、伊勢神宮摂末社の神楽役人による霜月の湯立神楽を範としたもの。やがて御師の家でも行うようになり、奉納神楽の盛行をみて広く流布した。三河・信濃では霜月祭・花祭・遠山祭と呼ばれ、清めの湯立のほかに、猿楽衆・田楽衆の伝えた面形舞を演ずる所もある。諸国の霜月神楽はこの系統。

（四）は、獅子頭を門ごとに捧持し、悪魔を払い息災延命を祈祷する神楽で、

奥羽の山伏(やまぶし)神楽・番楽、伊勢や尾張の太神楽などがそれ。山伏神楽は山伏修験(しゅげん)の神楽で、一種の能をも演じ、下北半島から陸中・羽前に及び、獅子舞・権現(ごんげん)舞・ひやま・舞曲(あそび)とも称される。伊勢・尾張の太神楽は、伊勢のお祓(はら)いと称して諸国を巡り、散楽風な曲芸や狂言(きょうげん)をも演じ、今日でも歓迎されている。

このように趣(おもむき)を異にして行われても、実際には、伊勢神楽に巫女舞や採物舞があったり、出雲神楽に湯立が入っているなど、各流の神楽要素が混じっていることが多い。その他、舞楽・田楽と呼ばれるべきものが、奉納舞という意味で神楽・太々(だいだい)神楽と称されるところもある。民間の神楽は豊かな内容を持つ神事芸能であって、能大成以前の古い形式を残す仮面劇もあり、芸能史的にも貴重なものを含んでいる」

とあり、「神楽」と「里神楽」の由来を知ることができる。
さらに、関連のある「太々神楽」については、以下のように記載されている。

太々神楽「伊勢講・太々神楽講・太々講と呼ばれる信仰集団の、神社参詣(さんけい)による奉納神楽。伊勢参宮の代りに伊勢の神人が村々を巡遊して、神楽による祓(はら)えを行う形態が古く、講中の代参者が参宮して神楽を奉納する形態もあった。のち、報賽の多少に応じて大神楽・小神楽などの区別を設けたが、「太々」はその最上級で、演目の座数も多い。その先行形態には、石清水八幡宮の八幡職掌(しょう)人の神楽の上品神楽・中神楽・下神楽の区別が考えられる。

神楽講の醵金による伊勢の奉納神楽は、江戸時代には諸国の神楽に影響を与え、有名な神社に太々神楽の方式が波及した。特に奥羽・関東の参宮人に根づよく浸透した。太々神楽の成立とその等級区別は、信仰的行為としての参詣と神楽奉納を行楽化・娯楽芸能化させていった。現今にみる太々神楽の呼称は、主として東北・関東・中部地方の出雲神楽である。その内容が岩戸神楽や神代神楽と同類であることからも、その芸能内容や形式にかかわりなく、一般の奉納神楽の美称としても用いられていることがある」

また、「獅子舞」については、以下のように記載されている。参考として引用する。

獅子舞「獅子の頭（かしら）をいただいて舞踏する芸能。全国に広く分布するが、形態的に分けて、二人立ちの獅子舞と一人立ちの獅子舞がある。
（一）二人立ちの獅子　大きな獅子頭に胴幕をたらし、その中に二人ないしそれ以上の者が入って舞うもの。（中略）本土の獅子舞もその源流は八世紀ごろ中国から伝来した伎楽や舞楽に求められる。伎楽の獅子舞は、治道（ちどう）と呼ぶ先導役と獅子児（ししご）や庇持（へいもち）に導かれた獅子が、獅子児の誘いに応じてさまざまに舞うもので、舞楽では雌雄二頭の獅子が綱渡り・蠅払（はえはら）いの役に従って出て、笛・太鼓・鉦鼓の伴奏で舞った。他に、中国の俗楽である散楽（さんがく）とともに伝来した獅子舞もあり、中で肩車や回転などの曲技も行われた。これら大陸系の獅子は、ラ

イオンを神格化したもので、文殊菩薩(もんじゅぼさつ)の使者とも、悪霊調伏(あくりょうちょうぶく)の神仏の化身(けしん)ともあがめられ、当初は寺院の法会(ほうえ)に登場し、平安時代以降、御霊(ごりょう)鎮送・災厄(さいやく)退散を意図する各地の祭事に広く演じられるようになった。特に中世から近世にかけて東北の山々に拠(よ)る山伏修験者が獅子頭を権現の御神体とあがめ、これを舞わすことで招福除災(しょうふくじょさい)のまじないとしたことから権現舞などとよぶ獅子舞が普及した。また、伊勢の皇太神宮や尾張の熱田神宮の布教をこととする神人(じんにん)が獅子舞を悪魔払いの神舞として各地で演じたことから大神楽・神楽獅子などと称するものが全国に分布し、獅子芝居や獅子の曲芸なども派生した。

（二）一人立ちの獅子　小さな獅子頭をいただいた者が胸に吊した羯鼓(かっこ)や締太鼓(しめだいこ)を打ちながら三人・八人など数人が組になって踊るもの。もと、山野に棲息(せいそく)して農耕をさまたげる鹿・猪など獣（しし）類の慰撫鎮圧(いぶちんあつ)を意図する儀礼から出た者と思われるが、のち竜の信仰を加えて雨乞(あまご)いなどにも演じられた。東日本に広く分布する。（後略）」

二宮赤城神社周辺地図

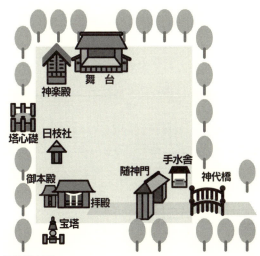
神社境内図

あとがき

　地元二之宮町の無形文化財保存会で、二之宮の式三番叟の囃子方として小鼓を担当して9年になります。

　出身地なので、子どもの頃から地元の二宮神社の御祭典で何度も見ては来ており、舞そのものは知ってはいましたが、実際にその中に加わることになるとは思ってもいませんでした。先輩の方から小鼓の持ち方、たたき方を習い、はじめはとにかく音を出すことでいっぱいでした。

　2年前に、上演の依頼があった時、解説も必要とのことで、式三番について調べてみることにしました。辞書・辞典類に載っている概説だけでは、由来や派生、文言の意味など全く分からない状態でしたが、詳細な研究書や関連した書物が何冊も手に入り、読み進めていく中で、色々と式三番について知ることが出来ました。

　今回は、以前に、保存会刊行の資料集として作成したものを基本に、さらに派生した事項についても調べたものに資料編を加えて、一冊にしてみました。

　諸研究の引用をまとめたものですが、式三番を知る手引になれば幸いです。

参考文献　発行年代順

山田勝美「漢字の語源」（角川書店　1976）
近藤義雄・丸山知良「上州のお宮とお寺」（上毛新聞社　1978）
「前橋の歴史と文化財」（前橋市教育委員会　1980）
「群馬県史 資料編 26 民俗 2」（群馬県　1982）
「前橋の文化財」（前橋市教育委員会　1988）
萩原進「群馬の郷土芸能（上）」（みやま文庫　1992）
「国史大辞典」（吉川弘文館　1997）
永井章睦「二宮式三番叟　概説」（1997）
「三番叟」（朝日新聞出版サービス　2000）
水谷千秋「謎の渡来人　秦氏」（文藝春秋社　2009）
吉元昭治「日本全国神話・伝説の旅」（勉誠出版　2009）
市村宏「風姿花伝」（講談社　2011）
土生田純之・高崎市「多胡碑が語る古代日本と渡来人」（吉川弘文館　2012）
中村真弓「海に漂う神々」（幻冬社ルネッサンス　2012）
「二之宮の式三番叟　資料集」（二之宮町無形文化財保存会　2015）
「二之宮の式三番叟」（二之宮町無形文化財保存会　2015）

井野誠一／いの・せいいち

1953 年　前橋市二之宮町生まれ
　　　　 前橋市文化財保護課と県内の小中学校に勤務。
2013 年　前橋市立総社小学校で退職。
　　　　 現在　二之宮式三番叟・薪能まつり実行委員会事務局長
　　　　 　　　二之宮町無形文化財保存会と前橋市郷土芸能連絡協議会の役員等

前橋学ブックレット

創刊の辞

　前橋に市制が敷かれたのは、明治25年（1892）4月1日のことでした。群馬県で最初、関東地方では東京市、横浜市、水戸市に次いで四番目でした。
　このように早く市制が敷かれたのも、前橋が群馬県の県庁所在地（県都）であった上に、明治以来の日本の基幹産業であった蚕糸業が発達し、我が国を代表する製糸都市であったからです。
　しかし、昭和20年8月5日の空襲では市街地の8割を焼失し、壊滅的な被害を受けました。けれども、市民の努力によりいち早く復興を成し遂げ、昭和の合併と工場誘致で高度成長期には飛躍的な躍進を遂げました。そして、平成の合併では大胡町・宮城村・粕川村・富士見村が合併し、大前橋が誕生しました。
　近現代史の変化の激しさは、ナショナリズム（民族主義）と戦争、インダストリアリズム（工業主義）、デモクラシー（民主主義）の進展と衝突、拮抗によるものと言われています。その波は前橋にも及び、市街地は戦禍と復興、郊外は工業団地、住宅団地などの造成や土地改良事業などで、昔からの景観や生活様式は一変したといえるでしょう。
　21世紀を生きる私たちは、前橋市の歴史をどれほど知っているでしょうか。誇れる先人、素晴らしい自然、埋もれた歴史のすべてを後世に語り継ぐため、前橋学ブックレットを創刊します。
　ブックレットは研究者や専門家だけでなく、市民自らが調査・発掘した成果を発表する場とし、前橋市にふさわしい哲学を構築したいと思います。
　前橋学ブックレットの編纂は、前橋の発展を図ろうとする文化運動です。地域づくりとブックレットの編纂が両輪となって、魅力ある前橋を創造していくことを願っています。

前橋市長　山本　龍

| 前橋学ブックレット❻ | 二宮赤城神社に伝わる式三番叟 |

発 行 日／2016年5月8日 初版第1刷

企　　　画／前橋市文化スポーツ観光部文化国際課
　　　　　　　　　　　　　　　　歴史文化遺産活用室
　〒371-8601　前橋市大手町2-12-1　tel 027-898-6992

発　　　行／上毛新聞社事業局出版部
　〒371-8666　前橋市古市町1-50-21　tel 027-254-9966

ⓒ Jomo Press 2016 Printed in Japan

禁無断転載・複製
落丁・乱丁本は送料小社負担にてお取り換えいたします。
定価は表紙に表示してあります。
ISBN 978-4-86352-154-4

ブックデザイン／寺澤　徹（寺澤事務所・工房）

── 前橋学ブックレット〈既刊案内〉───────────

❶ 日本製糸業の先覚 速水堅曹を語る（2015 年）
　石井寛治／速水美智子／内海　孝／手島　仁　　　　ISBN978-4-86352-128-5

❷ 羽鳥重郎・羽鳥又男読本 ―台湾で敬愛される富士見出身の偉人―（2015 年）
　手島　仁／井上ティナ（台湾語訳）　　　　　　　　ISBN978-4-86352-129-2

❸ 剣聖 上泉伊勢守（2015 年）
　宮川　勉　　　　　　　　　　　　　　　　　　　ISBN978-4-86532-138-4

❹ 萩原朔太郎と室生犀星 出会い百年（2016 年）
　石山幸弘／萩原朔美／室生洲々子　　　　　　　　ISBN978-4-86352-145-2

❺ 福祉の灯火を掲げた 宮内文作と上毛孤児院（2016 年）
　細谷啓介　　　　　　　　　　　　　　　　　　　ISBN978-4-86352-146-9

　　　　　　　　　　　　　　　各号　定価：本体 600 円＋税